Für Wilfried

Herzlichst

Herta Müller

8.5.01

Mit malerischen Beschreibungen von Landschaften und Kulturstätten sowohl verschiedener Urlaubsländer als auch Deutschlands bietet dieses Buch durch die Einbindung von Autogenem Training die Möglichkeit zur Entspannung, zur Abkehr vom hektischen Alltag.
In meditativer Konzentration, mit unabgelenkten, offenen Sinnen hat Else Müller die Naturimpressionen und kunsthistorischen Beschreibungen in eine bilderreiche, sinnliche Sprache gefaßt. »Sehen mit mehr als den Augen« ist das Motto dieser Reisen.

Diese Reiseimpressionen eignen sich zum Selberlesen und als Vorlesegeschichten, für jüngere und ältere Menschen, für alle Jahreszeiten und Stimmungen. Sie regen die Phantasie an und bereichern so den Fluß eigener innerer Bilder.
Das Sichversenken in diese Reiseeindrücke hilft dabei, die Sinne für eine Weile von der Alltagswelt abzuziehen und zu tiefer Ruhe zu kommen. Die reiche Bildersprache und die bewußt eingesetzten Elemente des Autogenen Trainings tragen dazu bei, Spannungen und Streß nahezu spielerisch abzubauen. Auch als Erinnerung an die eigenen Reisen des Lesers sowie als Anregung zum Träumen können die Texte positive Stimmungen erzeugen, die zur Entspannung beitragen.

Else Müller, geb. 1934, Sozialpädagogin, arbeitet als freie Therapeutin in Frankfurt. Sie leitet Fortbildungskurse für ErzieherInnen, PädagogInnen und PsychologInnen sowie Kurse und Ferienseminare für Autogenes Training, Atemtraining und Meditation. Veröffentlichungen: Bewußter leben durch Autogenes Training und richtiges Atmen, rororo 7753 (1983); Du spürst unter deinen Füßen das Gras. Autogenes Training in Phantasie- und Märchenreisen, Fischer Taschenbuch Bd. 3325 (1983); Hilfe gegen Schulstreß, rororo 7877 (1984); Auf der Silberlichtstraße des Mondes. Autogenes Training mit Märchen zum Entspannen und Träumen, Fischer Taschenbuch Bd. 3363 (1985); Du fühlst die Wunder nur in dir. Meditatives Tagebuch zur Entspannung, Besinnen und Träumen, Fischer Taschenbuch Bd. 3534 (1989).

Unsere Adresse im Internet: www.fischer-tb.de

Else Müller

Wege in der Wintersonne

Autogenes Training
in Reiseimpressionen

Fischer Taschenbuch Verlag

Lektorat: Anke Rasch

2. Auflage: Mai 2000

Originalausgabe
Veröffentlicht im Fischer Taschenbuch Verlag GmbH,
Frankfurt am Main, Februar 1993

Gesamtherstellung: Clausen & Bosse, Leck
Printed in Germany
ISBN 3-596-11354-7

Inhaltsverzeichnis

Willst du ins Unendliche schreiten,
so geh nur im Endlichen nach allen Seiten.
Willst du dich am Ganzen erquicken,
so mußt du das Ganze im Kleinsten erblicken.
Goethe, Gott, Gemüt und Welt

Einleitung

Alljährlich setzt die Sonnensehnsucht der Menschen unserer oft verhangenen Breiten eine kostspielige Urlaubslawine in Bewegung. Die Glückserwartung all dieser Reisenden wird aber nicht selten enttäuscht. Menschen, die Schönheit und Erbauung suchen, finden dagegen beides oft in ihrer unmittelbaren Nähe. Kurzurlaube, Tagesausflüge, Phantasiereisen bieten unendlich viele Möglichkeiten für Ausstieg, Abkehr vom Alltag, Eindrücke und Erlebnisse, die Heiterkeit der Seele und Zufriedenheit des Gemüts verheißen. Eine Summe dieser kleinen Freuden – ist nicht gerade sie das Glück? Es müssen nicht die spektakulären und sensationellen Ereignisse sein, die uns verzaubern. Aufnahmebereite Sinne können Schönheit auch im Alltäglichen fühlbar werden lassen.

Eine realistische Einschätzung von Glück – auch auf Reisen – schützt vor Enttäuschungen. Es gilt, die Reise- und Phantasiebilder als gelebtes kleines Glück zu bewahren. Sie sind an dunklen Tagen, in trüber Stimmung, als »Sonnenmedizin« ein bleibender Vorrat guter Gefühle. Sie helfen abzuschalten, ermöglichen das Innehalten und Entspannen und füllen gleichsam die leere seelische Batterie wieder auf. Die Reiseimpressionen in diesem Buch möchten dazu beitragen. Sie sind für alle Jahreszeiten, Stimmungen und Situationen gedacht und wollen der Seele Nahrung bieten. Sie eignen sich sowohl zum Vorlesen als auch zum Selberlesen. Mit ihrer Hilfe können die überreizten Sinne für eine Weile von der Welt abgezogen und in den Zustand eines abgesenkten oder erweiterten Bewußtseins gebracht werden. Die damit verbundene Außenreizverringerung ist der erste Schritt zum Abbau von Spannungen.

Durch die Reiseimpressionen sind Besuche in der weiten Welt möglich, ohne einen Fuß vor die Tür zu setzen. Durch ihre bilderreiche Sprache fördern sie die Phantasie. Die eingebundenen therapeutischen Absichten des Autogenen Trainings und die Atemberuhigungen führen zwanglos zu tiefer Ruhe und Entspannung. Sie wirken unmittelbar positiv auf das vegetative Geschehen.

Auch als Meditationsvorlagen sind diese Reiseimpressionen geeignet. Sie rufen Erinnerungen an eigene schöne Reisen wach, die nun wiedererlebt werden können. Das Wohlgefühl, das sie vermitteln, schafft neue Energie für den Alltag. Die durch Sprachbilder und Impulse des Autogenen Trainings ausgelöste therapeutische Wirkung setzt nahezu selbstverständlich und ohne Mühe nebenbei ein.

Der Wert des Reisens

Bei dem Wort Reisen schweifen meine Gedanken zunächst immer zu Marco Polo, ich denke auch an Goethes Reise nach Italien und Seumes »Spaziergang nach Syrakus«. Welchen Wandel hat doch das Reisen erfahren, denken wir an den Massentourismus unserer Zeit: von den wirklich abenteuerlichen und strapaziösen, oft lebensbedrohenden Umständen früherer Touren, die den Menschen auch an die eigenen Grenzen stoßen ließen, zum durchorganisierten Urlaub der Völkerscharen heute.

Reisen bedeutet für mich, sich vom Alltag zu verabschieden, herauszugehen aus den vertrauten Lebensbezügen und in neue Welten einzutauchen, um den eigenen Horizont zu erweitern. »Reise« ist auch eine Metapher für das menschliche Leben, das ohne eine solche Erweiterung allzuoft eng und eingleisig verläuft.

Durch die Wahl des Reiseziels und die Art des Reisens versuchen wir, einen kleinen Teil unseres ganz individuellen Lebenstraums zu verwirklichen. Für eine begrenzte Zeit können wir Erfahrungen mit einer Umwelt sammeln, die im Alltag oft schmerzlich vermißt wird. Eine Reise ist fast immer auch eine Flucht aus dem Gewohnten, oft ein Versuch, einen alternativen Lebensentwurf zu realisieren.

In diesem Buch geht es nicht um die Geschäfts- oder Forschungsreise mit vorgegebenen Aufgabenstellungen, sondern um die »zwecklose« Reise, um den Urlaub, diese meist als viel zu kurz empfundene Zeit, die aus den gewöhnlichen Zwängen und Spannungen herausführen soll und die als Gegensatz zum Alltag gesucht wird. Sie zeichnet sich aus durch individuelle Wahl- und Entscheidungsfreiheit und den Wunsch nach Entspannung, Erholung, Genuß und Schönheit.

Die Phantasie spielt bei diesen Reisen eine wichtige Rolle; sie gestaltet entscheidend mit, reist sie doch schon bei der Planung voraus. Sie gaukelt Wunschbilder vor, die es schwer haben, in der Wirklichkeit eingelöst zu werden. Denn die Reise ist das Medium zur Erfüllung unserer eigentlichen Wünsche und Bedürfnisse, die im Alltag selten gelebt werden können. So kommt es auch immer wieder zu Enttäuschungen. Die bunten, Traumerfüllung und Glück verheißenden Bilder der Prospekte von Reiseveranstaltern sind vielleicht nicht gefälscht, aber sie sind wie Symbole, die wir selber mit Inhalt füllen müssen. Der organisierte Mensch auf Reisen, vermarktet, verplant, gemanagt und animiert, erreicht zwar sein gewünschtes Ziel in exotischen Regionen und Kulturen, aber die Eindrücke bleiben oft flach wie ein Film auf dem Videogerät oder der Kinoleinwand. Sie erreichen sein Innerstes nicht und bleiben an der Oberfläche.

Die Folge falscher Erwartungen oder Fehlplanungen ist immer Enttäuschung. Und so kann eine minutiös vorbereitete Reise mit dem Gefühl enden, um das Wesentliche, das eigentlich Angestrebte betrogen worden zu sein. Der Ausstieg aus den Normen, Zwängen und Manipulationen unseres Alltags, die Erfüllung des Wunsches nach mehr Freiheit, Wahlmöglichkeit, nach mehr Selbstbestimmung ist nur möglich, wenn wir uns vorher Rechenschaft ablegen über unsere wirklichen Wünsche und Erwartungen – und darüber, was uns Reiseziel und -umstände hiervon erfüllen können.

Wer also realistische Ansprüche an das Reiseziel und an sich selbst stellt, der kann kaum enttäuscht werden. Wollen wir auf einer Reise etwas völlig anderes erleben, wollen wir ein Stück mehr über uns, unsere Sehnsüchte oder Grenzen erfahren, müssen wir uns deshalb vorher einige Gedanken machen.

Reisen allein, zu zweit und in der Gruppe

Es ist wunderschön, mit einem Menschen zu reisen, der die gleiche Wellenlänge hat und mit dem wir die Freuden und Schwierigkeiten unterwegs teilen können. Ich habe das Reisen zu zweit lange genießen können. Aber besonders gut gefällt es mir inzwischen, alleine unterwegs zu sein. Es wurde für mich zunächst zu einer Offenbarung und bald zum Konzept. Ich möchte besonders Frauen ermutigen, das Alleinreisen zu wagen!

Mir fällt immer wieder auf, wie viele Zugeständnisse Paare machen (müssen), um das Gelingen, die Harmonie ihres gemeinsamen Urlaubs zu garantieren. Mir scheinen die Kompromisse zu häufig, die Be-

schränkungen zu groß. Zu zweit Reisende neigen dazu, sich zu isolieren, und sind dadurch für viele mögliche Erfahrungen nicht zugänglich.
Als Frau allein zu reisen bedeutet noch immer eine gewisse Herausforderung, besonders in Ländern mit anderen Rollenvorstellungen. Da stößt frau manches Mal an ihre Grenzen. Selbstbewußtes Auftreten einer alleinreisenden Frau (wie oft nur Tarnung von Unsicherheit!) kann als Provokation wirken.
Sprachprobleme sind zusätzliche Erschwernisse. Der große Vorteil des Alleinreisens liegt für mich in der Selbstbestimmung, zu jeder Zeit, an jedem Ort. Dafür nehme ich Einschränkungen wie fehlende Nähe und Anteilnahme des anderen hin. Es gibt sie durchaus, die Stunden, in denen ich mich auf meinen Reisen nach zärtlicher Zweisamkeit sehne, aber im Vergleich zu dem großen Gewinn haben sie weniger Gewicht.
Von Vorteil für Frauen auf Reisen ist Kommunikationsfreudigkeit, weil sie die Bekanntschaft mit vielen interessanten Menschen ermöglicht, die mehr als nur im Vorübergehen beeindrucken. Ich habe manche private Einladung von Familien erhalten, deren Häuser Touristen sonst verschlossen blieben. Ein weiterer Gewinn ist für mich die uneingeschränkte Aufnahmebereitschaft, die sensible Wahrnehmung alles Neuen, da ich nicht durch die Anwesenheit eines anderen abgelenkt werde. Kindlich neugierig, wie ein Schwamm kann ich Neues, Fremdes, Atmosphärisches in mich einsaugen, alle meine Sinne sind auf größtmöglichen Empfang gerichtet. Abends lasse ich die Erlebnisse noch einmal vor meinem inneren Auge ablaufen. Vieles halte ich im Tagebuch fest.
In einer Gruppe zu reisen ist für mich ein akzeptabler Kompromiß, denn da kann man nach Bedarf allein sein oder in Gesellschaft. Besonders wenn die Reise in sehr ferne Länder und Kulturen geht, bietet die Gruppe Schutz, ist bequemer und auch zeit- und geldsparender. Es gibt kaum organisatorische oder sprachliche Probleme. Die Gruppe ist eine Art Schutzraum, den man temporär verlassen kann.
Ob man nun das Alleinreisen bevorzugt oder die Gruppe, das Reisen zu zweit oder mit der ganzen Familie, immer ist es für das Leben eine nützliche Erfahrung, über den eigenen Schatten zu springen und Fesseln des Gewohnheitsmäßigen abzustreifen. Es lohnt sich! Reisen mit offenen Augen und Sinnen erschließt neue Dimensionen des Lebens.

Reisen mit dem »technischen« und dem »inneren Auge«

Diese Reiseimpressionen enthalten persönliche Reiseerlebnisse und -erfahrungen. Auf Reisen verlasse ich mich bei der Dokumentation aller Eindrücke ganz auf mein inneres Auge, kein Foto- und Filmapparat begleiten mich. Ich habe mich vom Diktat des technischen Auges befreit. Fotografierende Reisende stehen, meist schwer bepackt durch die aufwendigen Foto-Utensilien, häufig unter großem Streß. Sie sind wie abschußbereite Bogen straff gespannt. Meist warten sie auf den interessantesten Blickwinkel oder die beste Beleuchtung, um das Objekt ihrer Foto-Begierde in den Kasten zu bekommen, und es besteht die Gefahr, daß sie das Fremde, Neue, Schöne nur durch das technische Auge wahrnehmen, ohne größere emotionale Anteilnahme.

Die Aufgabe, eine Reise lückenlos fotografisch dokumentieren zu wollen, steht dem Entspannen, Erholen, Genießen im Wege. Die Muße fehlt – ein wesentliches Element im Urlaub. Die durch das Objektiv des inneren Auges festgehaltenen Erlebnisse und Stimmungen einer Reise sind als Kontrastprogramm später für den Alltag unentbehrlich. Die Bilder der Erinnerung lassen sich jederzeit wiederholbar auf die innere Leinwand projizieren und eignen sich auch zu zwanglosen Meditationen. Sie sind Ruheinseln inmitten eines meist hektischen Alltags, Atempausen für strapazierte Nerven, die den Kureffekt der Reise erneut fühlbar werden lassen. Mit ihren subjektiven Erlebnissen wirken sie als Seelenaufheller an dunklen Tagen, in trüben Stimmungen.

Einige Anmerkungen zum Autogenen Training und zur Meditation

Das vegetative Nervensystem spielt bei unserer Gesundheit eine große Rolle. Es gerät bei anhaltendem Streß aus seinem fein abgestimmten Gleichgewicht und gibt dann falsche Impulse an die jeweiligen Organe. Es besteht eine enge wechselseitige Beziehung zwischen seelischem Geschehen und vegetativem Nervensystem. Reaktionen wie Kreislaufbeschwerden, Atemstörungen, Magen- und Darmbeschwerden, Kopfschmerzen oder Migräne und vieles mehr können die Folgen einer Störung dieses Gleichgewichts sein. Die meisten sogenannten psychosomatischen Erkrankungen haben ihren Ursprung in einer dauernden

Überbelastung im seelischen Bereich. Der Alarmzustand im Organismus, der nicht aufgelöst wird, führt zu vorzeitigem Verschleiß.
Autogenes Training (AT) oder konzentrative Selbstentspannung nach dem Neurologen Johannes Heinrich Schultz (1884-1970) ist eine wirkungsvolle Methode zur Selbstruhigstellung und längst ein unumstrittenes, eigenständiges Therapieverfahren in der Krankheitsvorbeugung und Gesundheitserhaltung. Es ist einsetzbar gegen Streß und bei psychosomatischen Störungen und für Menschen jeden Alters geeignet. AT, das durch konsequentes tägliches Training erlernbar ist, sollte zunächst unter Anleitung eines qualifizierten Lehrers geübt werden.
Der seit vielen Jahren bekannte und überzeugende Erfolg des AT beruht auf dem selbst- oder idiomotorischen Prinzip: Durch ein Wort, eine Formel oder einen Vorsatz kommt es zu einer zunächst bildhaften Vorstellung, dann zu einem Gefühl, schließlich zu einem Zustand. So stellt man sich z. B. mit der Formel »mein Arm ist schwer« vor, wie der Arm schwer wird. Durch die Muskelentspannung, die durch diese Vorstellung hervorgerufen wird, wird die Schwere des Armes dann tatsächlich fühlbar.
Die erste Stufe (Unterstufe) des AT besteht aus Schwere- und Wärmeübungen. Die Schweregefühle entstehen durch die Muskelentspannung im jeweils autosuggestiv angesprochenen Körperteil. Das Wärmegefühl wird durch die Entspannung der feinen Gefäßmuskulatur und der damit verbundenen stärkeren Durchblutung hervorgerufen.
Wie bei allen Therapie- und Heilverfahren ist eine positive Einstellung notwendig. Auch die beste Medizin entfaltet ihre Wirkung nicht, wenn der Patient zum verschreibenden Arzt und dem Medikament kein Vertrauen hat.

Meditation

Es gibt viele Formen der Meditation und unterschiedliche Wege zu ihr. Das Wort Meditation kommt vom lateinischen meditatio = Denken, Sinnen, Betrachten. Es bedeutet auch, daß kosmisch-mystische oder spirituelle Erfahrungen möglich sind, höhere Dimensionen erlebbar werden, das Ego ausgeschaltet ist.
Jeder Mensch hat schon meditiert, ohne daß er es so genannt hätte oder es ihm bewußt war. Zum Beispiel saß er am Fenster, schaute versunken hinaus, oder er stand am Meer, betrachtete selbstvergessen das Spiel der

Wellen. Er sah sich Blumen, Tiere, Wolken an, vergaß die Welt um sich herum, fühlte sich ganz einfach wohl dabei, war ruhig und entspannt. Diese Entspannung und Erholung gezielt jederzeit und überall zu erreichen ist erlernbar. Wer sich auf die Reiseimpressionen in diesem Buch einläßt, hat die Möglichkeit, sich mit ihnen zu entspannen, die Gedanken still werden zu lassen und wohltuende Leere in sich zu spüren. Die Zeit scheint stehenzubleiben, alles Bedrängende versinkt, die Stille wird fühlbar.

Anleitung

Die Reiseimpressionen eignen sich zum Vorlesen oder Selbstlesen. Wichtig ist es, zunächst für eine ruhige, gemütliche Atmosphäre zu sorgen. Störquellen sollten ausgeschaltet, das Licht gedämpft werden. Der Vorlesende sollte sich selbst auf Ruhe einstellen, seine Stimme darf nicht zu laut oder zu eilig klingen.

Die Geschichten eignen sich auch als wirksame Gutenachtgeschichten. Sie sind Hilfen zum Einschlafen und Durchschlafen. Am Tag bieten die Geschichten für eine Weile Abstand vom Alltagsstreß.

Die in die Reiseimpressionen eingebundenen Ruheformeln oder Ruhetönungen wirken nahezu selbständig durch die (Auto-)Suggestion. Es ist aber wichtig, nicht auf die Entspannung zu »lauern«. Ruhe ist nie mit Willen zu erzwingen. Die Geschichten sind absichtlich so gefaßt, daß sie die Phantasiewelt aktivieren. Wenn sich beim Lesen eigene Bilder, Phantasien, Gefühle einstellen, so sollte diesen der Vorrang gegeben werden.

Alle therapeutischen Impulse des Autogenen Trainings, die Atemberuhigungen und die meditativen Anregungen sind durch kursive Schrift kenntlich gemacht.

Die Reiseimpressionen möchten unterhalten, entspannen, erholen und träumen helfen. Es sind Reisen auch nach innen.

Winter auf Mallorca

Ankunft

Der silber-metallene Vogel
fliegt mit gedrosselten Motoren
dicht über Windmühlen, ungezählte,
auf den Flugplatz der Hauptstadt Palma ein –
Die Windmühlen stehen wie in einem Planquadrat,
gleich einem Wald, die Flügel drehen sich,
mal geruhsam, man ganz hurtig –
Wahrzeichen der Insel,
fast wie eine Werbeidee der Tourismusindustrie –
Dem Menschen ist das Fliegen nicht natürlich,
drum schnellt beim Landeanflug der Puls recht hoch –

Ich atme tief durch, atme ruhig weiter –
Ich sag's mir vor: »Ich bin ganz ruhig, ohne Angst.«
Der Puls wird ruhig, der Atem stockt nicht mehr –
Die Haut wird wieder kühl und trocken –
Ich bin ruhig und ganz entspannt –

Ich freu' mich auf die Woche Urlaub,
auf einer Insel, die im Sommer heiß und überfüllt,
im Winter zu kleinem Abenteuer werden kann –
Wege sind zu suchen, Straßen, Orte,
Hotels zu finden, die im Winter geöffnet,
Museen, die interessant beschrieben,
Häfen, in die wenig Schiffe fahren,
Buchten, die kaum wiederzuerkennen sind,
so ohne Liege, Sonnenschirm und Mensch,
Strände, auf denen nur kleine Vögel hüpfen,
Strandläufer, glaube ich, heißen sie –
Restaurants, die einheimische Kost nun bieten –
Ich freu' mich auf all die kleinen, kalkulierbaren Risiken.
Das Flugzeug rollt ganz langsam aus,
den neuen Hallen zu –
Modernes Labyrinth, Schlangen von Menschen
warten geduldig vor den Schaltern des Zolls –
Ich geh' an den rollenden Bändern vorbei,

auf denen die Koffer sich stapeln –
Mein Gepäck hängt nur über meinen Schultern –
Stolz auf die Beschränkung, fühl' ich mich frei
und freue mich auf das, was kommt –
Vor den Hallen sitz' ich auf einer Bank,
warte auf den Stadtbus und genieße die langvermißte Sonne –
Ich lehn' mich zurück und schließe die Augen –

Ich atme ruhig ein und aus, ein und aus –
Ich fühle meinen Atem sich beruhigen –
Er geschieht ganz ruhig und gleichmäßig –
Ich werde ruhig und gelassen –
Angenehme Ruhe durchströmt mich –
Ich sitze auf meiner Bank und ruh' mich aus,
nichts stört, lenkt ab, ich bin ganz bei mir
und träum' von schönen Tagen.

Erster Stadtrundgang

Der Stadtbus bringt mich für ein paar Peseten
nach Palma, der Hauptstadt,
Ziel für eine Nacht –
Der Weg führt vom großen Busbahnhof
durch die geschäftige, laute Stadt –
Sonnenstrahlen suchen zögernd ihren Weg durch Wolken,
eine Wohltat ist die Helligkeit
nach all dem Grau daheim –
Das Gepäck hängt schwer auf meinen Schultern –
Ich sehne mich nach einem Zimmer im Hotel –
Nach langem Suchen finde ich die Touristeninformation,
die genannte Adresse ist gut und hat noch Zimmer frei –
Erlöst vom Gepäck kann ich mich der Stadt zuwenden –
Die Altstadt, überschaubar klein,
enge Gassen, schöne Bürgerhäuser, alles zentriert zur Kathedrale hin –
Die hockt mächtig, wie ein erdfarbenes Tier, hoch über dem Hafen –
Jahrhundertelang wurde an ihr gebaut,
die Gotik maritim verwandelt –
Die Mauren, die lange über die Insel herrschten,
hinterließen ihre Spuren –
Das Innere ist düster, ohne Pracht und Prunk –
Der lange, gewundene Paseo maritimo,
die berühmte Uferpromenade, der Hafen
locken in der Sonne, dort zu schlendern –
Schiffe in allen Größen, aus aller Herren Länder,
liegen meist winterfest vertäut –
Sie wecken Fernweh nach weiten Reisen,
exotischen Kulturen, Palmen auf schneeweißen Stränden –
Ein Straßencafé hat geöffnet, direkt am Wasser,
es lädt in heller Nachmittagsstunde zur ersten Siesta ein –
Der Blick wandert zum berühmten Belvedere, Kastell
        und später Gefängnis,
hoch über der Stadt auf der einen Seite,
die Kathedrale auf der anderen,
vor mir das Meer, so weit das Auge reicht –

Ich werde schläfrig, trotz des starken Espresso,
ich sitz' ganz locker und entspannt,
die Augen fallen manchmal zu –
Der Atem ist ruhig, leicht und gleichmäßig –

So könnt' ich sitzen, stundenlang –
Doch die Sonne sinkt, die Schatten werden länger,
die Luft wird kalt, es ist auch hier im Süden Winterzeit –
Es wird nun Zeit zum Weitergehen.

Abend in Palma

Nach langem Tag und vielen Wegen
knurrt der Magen, er ist hungrig, der Geist ist satt –
Ich suche nach einem Restaurant, das mir behagt –
wenige haben geöffnet, ihre Zeit ist noch nicht da –
Ich finde in enger, dunkler Straße ein altes Lokal,
etwas düster, hoch der Raum,
wenige Menschen sitzen dort –
Am Tresen alte Männer, die neugierig schauen,
Frau allein, am Abend, und das in Spanien,
noch immer nicht ganz selbstverständlich –
Ich setze mich mit etwas Mut an die braungescheuerte,
glänzende Theke,
vor mir der blitzblank polierte Bierhahn,
unter Glas die berühmten Tapas,
Vorspeisen, appetitanregend bunt, frisch zubereitet –
Nach kurzer Zeit das Bier leicht schäumend,
die Tapas, hübsch dekoriert, vor meinen hungrigen Augen –
Ich vergesse die anfängliche Verlegenheit,
kann locker reden, mit Händen und Mimik,
und genieße dann stillvergnügt mein Abendmahl –
Zufrieden über meinen Mut,
wohlgesättigt und bester Stimmung
geh' auf langen Wegen ich zurück in mein Hotel –

Ich fühl' mich wohl und gar nicht einsam.
Ich bin ruhig in Körper, Geist und Seele

und freue mich auf sieben Tage ganz allein mit mir.

Sonntagmorgen – Paseo maritimo

Unterhalb der massigen Kathedrale,
die wie ein Horst über der Stadt
zu ihrem Schutze thront,
beginnt der Paseo maritimo, die Uferstraße –
Die lange Promenade verläuft in weitem Bogen,
baumbegrenzt, kilometerweit –
Zur Linken das Meer mit seinen Häfen,
Fischerboote und Kriegsschiffe liegen oft dort Seite an Seite –
Die schmalen Segelschiffe, blendend weiß,
ihre Segel meist eingerollt,
Fenster und Türen verschlossen –
Manches Schiff bekommt seinen Frühlingsputz –
Hunde und Kinder purzeln übers Deck,
Liegestühle sind aufgestellt,
als sollten sie die Sonne locken –
Geschrubbt, gewischt, gelackt wird hier,
auch Angelruten hängen aus –
Ungezählte Schiffe warten auf die erste Reise nach der Winterruhe –
Zur rechten Seite stehen dicht bei dicht Hotels,
geschlossen meist die Fenster, heruntergelassen die Jalousien –
Hier wird gehämmert, gemörtelt und gebohrt,
es schrillt und kreischt dort von allen Seiten –
Viele Läden sind noch geschlossen,
sie machen Urlaub von den Touristenströmen –
Mein Weg geht ganz gemächlich,
die Sonne scheint, der Wind ist frisch –
Wenige Leute sitzen im Hafencafé –
Der Wind hat sich gelegt,
die Sonne wärmt und läßt mich ahnen,
wie heiß es hier im Sommer wird –
Ich sitze im weißen Plastiksessel,
auf dem Schoß das Buch,
in dem ich von Zeit zu Zeit ein wenig lese,
vor mir die winzige Tasse mit heißem, süßem Kaffeegebräu –
Morgen beginnt meine Reise übers Land,
ein Auto ist ausgesucht –

Viele Winkel will ich erforschen,
Einsamkeit genießen –
Ich freu' mich sehr und bin gespannt –

Doch jetzt genieße ich ganz unbeschwert
die Ruhe, die Sonne, geb' mich der Muße hin –
Der Atem geht ruhig ein und aus, ein und aus –
die Ruhe und die Wärme
fließen durch den Körper wie Energieströme,
sie beleben Geist und Seele.

Erste Fahrt übers Land

Das gemietete Auto, klein und handlich,
gutwillig läßt es sich steuern –
Die Fahrt heraus aus der Stadt, vorbei an Ferienorten,
deren Namen durch Kataloge mir ganz vertraut –
Riesige Hotelanlagen laß' ich links liegen –
Bald kommen zauberhafte Bergstrecken,
Blicke tief hinunter auf stille Strände –
Eine kleine Hafenstadt, fast wie ausgestorben,
alle Hotels verschlossen –
Am anderen Ende des Ortes der Faro,
Leuchtturm, er bietet Schutz vor dem Wind,
die Sonne schafft nur Helligkeit, noch wenig Wärme –
Die Wellen schlagen heftig an große Steinquader –
Das Meer ist sparsam heute mit seinem Blau –
Ich genieße auf der ersten Rast die Ruhe,
kein wimmelnder Touristenstrom vertreibt sie jetzt –
Ich setze mich auf meine Jacke
und schaue faul einer Frau dort zu,
die mit ihren Kindern angelt –

Kein Gedanke quält,
in mir ist große Ruhe,
die sich auch am Atem messen läßt –
Ganz ruhig geht er ein und aus,

die Meerluft atmen ist ein Genuß,
und erinnert mich an einen Kurort mit Salinen –
Weiter geht die Fahrt –
Kurvenreiche Strecken, bergauf – bergab,
vorbei an Miradoren, Aussichtspunkten,
Blicke weit übers Meer –
Segelboote nur als weiße Punkte –
An alten Bergstädtchen vorbei –
In manchen steig' ich aus,
laufe über uralte, steinerne Treppen,
hinauf, hinab, zu bescheidenen Kirchlein –

Die Türen der Häuser stehen offen,
in manchen Patio schau' ich rein,
Palmen, Blumen, kleine Brunnen,
sie laden zum geruhsamen Sitzen ein –
Mein nächstes Ziel, ein Höhepunkt der Reise,
ist Valledemosa mit seiner Kartäuserklause,
berühmt aus vielen Geschichten
über George Sand und Frédéric Chopin,
den weltberühmten Liebenden,
die sich hier im Winter verkrochen,
Sonne und Gesundheit erhofften für den Pianisten –
Doch sie fanden dort nur Kälte, Regen,
Ablehnung, wenig Freundschaft von den Mallorquinern.

Valledemosa

Der Name Valledemosa ist arabischen Ursprungs –
Einem mächtigen Mauren, Muza, gehörte hier das Tal,
das wie ein Amphitheater von Palma aus
gen Norden ansteigt, die Seiten flankiert von Felsen –
Tal des Muza heißt Valledemosa –
Mandelbäume, die im Frühjahr wie schneebedeckt erscheinen,
mit ihren duftenden Blüten,
sie füllen das ganze Tal –
Orangenbäume, die zugleich Blüten und Früchte tragen,
dunkelgrüne Blätter, wie gelackt,
zwischen den reifen Orangen,
die wie kleine Lampions scheinen –
Über all dem ein durchdringender Duft von Süße,
wie eine Parfümwolke hängt er schwer im Tal –
Auf dem obersten Rang des Naturtheaters,
liegt der Ort Valledemosa mit seiner farbigen Geschichte –
Ich komme gegen Abend dort an,
die Straßen liegen ruhig, ohne lärmende Touristen –
Auf dem baumumstandenen Platz vor der Kathedrale
sitze ich im letzten Sonnenlicht im kleinen Bistro,
ruh' mich aus und lese in meinem Buch –
Es beschreibt, wie George Sand,
durch ihre Liebschaft mit Chopin
heute bekannter als durch ihre Bücher,
Mallorca hier erlebte, fast mehr erlitt –
Die Frage nach einem Nachtquartier beantwortet mir der Wirt,
der mir ein Hostal inmitten des Dorfes empfiehlt –
Es ist ein altes Bürgerhaus, das heute Gäste beherbergt –
Ganz oben, unterm Dach, mein Zimmer,
karg möbliert, mit kleinem Becken, ohne Bad –
Ich öffne den hölzernen Fensterladen
und bin überwältigt fast vom Ausblick –
Zur Rechten das Kloster, zur Linken das Dorf,
vor mir das ganze Tal des Muza,
fern blinkt im Abendlicht das Meer:
die schönste Theaterkulisse,

die man sich denken kann –
Nach einem mallorquinischen Nachtmahl,
das die Wirtin für den einzigen Gast selbst gekocht,
klettre ich die alte Holzstiege zu meinem Zimmer hinauf –
ich sitze noch eine Weile am offenen Fenster,
die Sonne ist längst versunken,
der Mond hängt am Glockenturm,
Sterne, wie eine Lichterkette aufgereiht –
Die Luft ist kalt und klar –
Allerlei Düfte wehen zu mir –
Holzfeuer, Kiefern und auch Küchen schicken sie herauf –
Ein Hund fängt an zu bellen,
andre geben Antwort, mal freundlich, mal böse –
Es ist mein Nachtkonzert –
Ich liege im großen Holzbett und überdenk' den Tag,
der mir viele neue Bilder vors innre Auge malte,
die schönsten werden wie ein Foto »eingeklebt« –

Ich bin müde, liege ganz entspannt,
ruhe meinen Körper aus –
Der Atem geht ruhig ein und aus – ein und aus –
Er besänftigt Geist und Seele –
Ich bin so ruhig, gelöst, entspannt und ganz glücklich –
Ich fühl' mich wohl im Hier und Jetzt
und freu' mich auf den nächsten Tag.

Kartäuserkloster Valledemosa

Ganz früh am Morgen
steh' ich als einziger Tourist vor der Pforte,
die noch geschlossen ist –
Der Ort ist mir vertraut durch Bücher, Bilder und auch Filme,
er liegt behäbig da, als sei die Zeit hier stehengeblieben –
Nach dem Eintritt in das Kloster, lass' ich mich durch mein Buch
 weiterleiten,
in die alte Zeit versetzen,
in der George Sand und Frédéric Chopin
an diesem Orte einige Zeit verweilten –
Aurore Dupin, verehelichte Dudevant,
unter dem Pseudonym George Sand bekannt,
Berühmtheit des 19. Jahrhunderts in Europa –
Eine Frau in langen Hosen und Zigarren rauchend,
schockierte auch durch den Lebensstil
ihre Zeitgenossen, die wenig von ihren Büchern hielten –
Ihr Buch, Erinnerungen an den Winter in Mallorca,
lese ich mit Interesse –
Ich erfahre, wie sie für ein paar Monate
dort gelebt, geliebt, gelitten hat –
Ihre Erwartungen wurden sehr enttäuscht –
Sie hoffte auf Sonne, Wärme, Leichtigkeit und Licht,
die helfen sollten, ihrem Sohn und ihrem Geliebten
die Gesundheit wiederzugeben –
Die Zeit dort sollte auch Chopin inspirieren zu neuer Musik –
Meine Schritte im Kreuzgang des Klosters
hallen von glatten, weißen Wänden wider –
Die kleinen Räume, früher Zellen der Mönche,
bieten wenig Schutz vor Winterkälte –
In ihrem Buch »Winter auf Mallorca«
schreibt George Sand mit Bitterkeit über die Insel,
deren Schönheit sie durchaus auch pries –
Sie beklagt die Rückständigkeit der Leute,
die Bewirtschaftung der Felder und Kulturen,
Verschlossenheit und Mißtrauen allem Neuen,
auch den Fremden, gegenüber –

Sie urteilt hart, zu hart, wie viele meinten –
Ihre Art, als Frau in kein Klischee zu pressen,
ihre offenen Worte, oft mit wenig Takt,
verprellten die Menschen dort –
Man schalt sie männlich, weil sie sich Freiheiten nahm,
die sonst nur Männern zugestanden werden –
Sie kehrte nirgends zu ihren Gunsten
das »Weibchen« raus,
stellte Forderungen mit herber Stimme,
schloß Verträge, war sehr selbstbewußt –
In ihrem Buch bleibt das Bild von Chopin mir blaß,
auch sagt sie wenig über diese Liebe –
Sie scheint mehr Krankenschwester als Geliebte gewesen zu sein,
sie pflegte aufopfernd, mit viel Geduld,
und riet ihm, weiter zu komponieren –
Das einfache Klavier, das nach endlos langer Zeit eintraf,
steht heute noch in einer Mönchszelle im Kloster,
in dem sie wohnen konnten,
als es säkularisiert,
die Brüder vertrieben wurden –
Nur einer blieb in der Apotheke,
die heute noch unverändert zu sehen ist –
Dieser Mönch verbarg seine Kutte,
zog sie nur im geheimen zum Gebet noch an –
Die geisterhaften Spuren der Mönche
auf dem alten Friedhof, in den Gärten, in den Gängen,
zogen allnächtlich George Sand sehr an –
Sie wandelte viele Stunden ganz allein,
mit leisem Grauen, glaubte Schritte noch zu hören –
Sie meditierte, schrieb und dichtete
in diesem traumhaft schönen Ambiente,
das noch heute nichts von seinem Zauber verloren hat –
Das Gärtlein vor den Zellen,
mit seinem Brunnen, mit Blumen und Palmen,
einer Steinbank mit Blick ins Tal und
hinauf zu den Bergen,
alles gleicht einer einzigartigen Inszenierung eines Dramas,
ist wunderschön und regt zum Träumen an –
Ich sitze auf der Brüstung und lass' alles auf mich wirken –

Ich fühle, wie tiefe Ruhe und auch Freude mich durchströmen –
Ich bin sehr ruhig, gelöst und ganz entspannt,
lass' alles Schöne sich in meinem Innern sammeln –
Die Landschaft, der Geist des Ortes, seine Vergangenheit
sind wie Balsam, der Körper, Geist und Seele erfrischt, belebt.

Lorbeerbaum

Hoch über Valledemosa,
das voll Geschichte und Geschichten.
Allein der Name läßt schon träumen;
Valledemosa, Valle de Musa,
Tal des arabischen Fürsten Muza –
Steinhäuser, erdfarben, mit Tonziegeln auf den Dächern –
Tief unter mir liegt klobig fast
die Kirche des Klosters,
doch ihre Turmspitze löst spielerisch
mit bunten Kacheln die Schwere wieder auf –
Das Grün des Klostergartens ist wie die Umfassung
eines Ringes um seinen Stein –
Silbriggrün die Olivenbäume,
orange Kugeln hängen im Blattwerk,
Johannisbrotbäume, deren sattes Laub auch im Winter
Farbe in die Landschaft malt –
Auf einer kleinen Terrasse vor meinen Füßen,
ehemals ein mühevoll beackertes Feld,
ein winziger lila Frauenschuh, eine Orchidee –
Der Weg windet sich steil nach oben,
in jeder Kurve neuer Ausblick wie auf ein Bild,
auf Valledemosa, das makellos erscheint –
Höher geht der Weg, der Atem wird heftiger –

Ich bleibe stehen und beruhige meinen Atem –
Atme ruhig ein und aus –
Der Atem fließt, er geschieht, ganz ruhig und gleichmäßig –
Es atmet mich –

Nach einer neuen Biegung des Weges steht er vor mir,
der alte, uralte Lorbeerbaum –
Seit Jahrhunderten mag er da schon wurzeln –
Ein riesiger Stamm, den nur viele Arme umspannen können –
Rissig, graubraun seine genarbte Rinde,
die Krone wie ein breites Dach aus dunkelgrünen,
gezackten Blättern, die auch den Winter glänzend überstehen –

Der Baum steht als Monolith unter all den vielen kleinen,
leicht gebeugt der Wipfel –
Ich verweile lange vor ihm –

Beim Schauen seiner Schönheit, Würde, seines Alters
werden die Gedanken still –
Nichts bedrängt mich mehr –
Eine große Ruhe durchströmt Körper, Geist und Seele –
Ich bin ganz ruhig, gelassen, still –
Mein Atem geht sanft ruhig ein und aus –
Wohlbehagen umhüllt mich wie ein schützender Mantel –
Langsam verschwinden die Konturen,
der Baum und ich, wir werden eins.

Porto Valledemosa

Ungläubig las ich das Straßenschild: Porto Valledemosa –
Das Dorf liegt doch ganz oben, weit weg vom Meer,
wieso dann die Bezeichnung »Hafen«?
Ich wage die Fahrt,
das wendige Auto fährt Kurve um Kurve hinab,
tiefer und tiefer, steiler und steiler,
mir wird der Atem knapp, ich muß tief durchatmen,
fünfhundert Meter tiefer liegt der winzige Hafen,
fast in der Fallinie –
Atemlos komme ich im verlassenen Winterhafen an –
Nur zwei Arbeiter auf einer großen Raupe fahren bergauf –
Katzen, viele scheue Katzen scheinen die einzigen Lebewesen
    außer mir –
Ich sitze am Steinstrand in der frühen Morgensonne,
ein wenig gespenstisch ist ein solch verlassener Ort –
Alle Läden sind geschlossen, die wenigen Boote fest vertäut –
Ich lese in meinem Valledemosa-Buch –

Ich bin ganz ruhig, ohne Furcht –

Ich schlendre durch den winzigen Ort, eine Handvoll Häuser,
Die Dächer sind mit gewölbten Tonschindeln bedeckt,
die auf Schilfmatten liegen, ineinandergefügt
und mit Steinen beschwert –
Die Rückfahrt scheint mir kürzer, weniger gefährlich –
Kurven, Kurven, Kurven,
Gott sei Dank, kein Auto kommt mir entgegen –
Auf der weiteren Fahrt, wieder oben auf breiten Straßen,
fahre ich in einer Allee einem Schloß entgegen,
heute ein Hotel mit fünf Sternen –
Es liegt phantastisch, ein Park mit tropischen Pflanzen,
romantischen Winkeln, Bänken und Ecken –
Ganz am Ende, tief unten liegt das Meer, mittagsstill –
Ich schau' mir das Hotel von innen an –
Es ist brandneu, riecht unbewohnt –
Prächtige Suiten, Zimmer mit Terrassen –

Der Speisesaal fürstlich gedeckt,
mit den Kellnerinnen wartet er auf Gäste –
Dort werde ich nie Ferien machen,
es ist zu teuer, nobel, elegant,
für Leute aus einer andren Welt bestimmt –
Doch den Garten, Park genieße ich –

Ich sitze auf einer alten Steinbank,
die noch warm ist von der Mittagssonne –
Ich schaue hinab zum Meer, das gemütlich an die Felsen
klatscht –
Ich bin ganz ruhig und entspannt –
Mein Körper ist gelöst und warm –
Die Gedanken ziehen wie Wolken am Himmel vorüber –
Mein Atem ist ruhig – der Geist ist still, die Seele wach –
In mir ist größtes Wohlbehagen.

La Granja

Ich wußte nicht, was mich dort erwartet,
im Buch fand ich die Beschreibung nicht –
Es ist ein großer Herrensitz, ein paar Jahrhunderte alt –
Liebevoll restauriert, gepflegt, mit weitläufigem Park und Gärten –
Jeder Raum ist einem anderen historischen Handwerk gewidmet –
Färberei, Weberei, Eisenschmiede, Blechschmiede,
Drechslerei und vieles mehr –
Der Herrensitz war früher autonom, alles wurde hier angebaut,
gepflanzt,
verarbeitet, repariert,
Tiere in den Ställen und auch draußen ergänzten, was zum Leben
fehlte –
Das Herrenhaus nicht pompös, genügsam, sparsam, doch auch
freundlich hell –
Der Weg durch den Garten, vorbei an Teichen, Springbrunnen,
kleinen Bächen,
an deren Rand viele bunte Blumen blühen –
Ein Orangenhain, Mispeln, Feigen, Äpfel, Aprikosen –
Im Hof, unter riesigen Eukalyptusbäumen und Pappeln,
werden viele Sorten Wein zum Kosten angeboten, schwere, süße und
auch herbe,
dazu gibt's kleine Pizzen, Krapfen und Feigen-Mandelpastete
als Dessert –
Ich sitze auf einer Holzbank und genieße alles,
Wein, Essen und den Blick auf La Granja, das, winterleer,
wie aus dem Märchenbuch mir erscheint –

Die Ruhe dieses Ortes wirkt auch auf mich,
ich bin ruhig, gelöst und ganz entspannt.
Ich träum' ein wenig mich in die alte Zeit,
bin Ritterfräulein, Herrin, Jägerin,
Hexe oder Zauberin.

Fahrt übers Land

Leider nun nicht mehr in Sonne getaucht,
schwere, graue Wolken hängen tief –
Regen in feinen Fäden färbt die Straße schwarz und glänzend –
Eglaieta, welch ein Name, mit einer schönen Kirche –
Weiter durch einsame Landschaft, ähnlich unseren Mittelgebirgen,
sanft und hügelig, dazwischen schlanke Zypressen,
die an die Toskana mich erinnern –
Termes Santa Maria, Alora, Bunyola,
welch wunderhübsche Ferienstimmungsnamen –
Der Col del Soller, siebzig Kurven in großen Schleifen,
kurze Rast auf dem Col, dann weiter nach Puerte Soller –
Die Fahrt auf einsamen Nebenstraßen, vorbei an riesigen, unendlichen
Obstplantagen,
wie herrlich muß das aussehen ein paar Wochen später,
wenn alles blüht – ein Blütenmeer –
Zwei riesige Felsen lassen die Straße unwillig durch,
die wie eine staubige Schlange sich windet –
Orient, ein Ort so pittoresk wie sein Name –
Nach langer Fahrt Ankunft im Hafen von Soller –
Nur wenige Wintergäste sitzen vor den Cafeterias an der Straße,
auf der die alte Straßenbahn mit ihren offenen Waggons vorbeibimmelt –
Eine kleine Mittagspause, dann rauf zum Leuchtturm,
auf unbefestigtem Weg, steil, immer steiler,
doch ich muß weiter, denn zum Wenden ist kein Platz –
Oben belohnt mich der herrliche Ausblick –
Der Hafen liegt wie eine Muschel, um die der Ort sich schmiegt –
Genau am Fuße der steilen Straße finde ich für eine Nacht Quartier –
Hotel Brisbas liegt direkt am Meer,
ich sitze zu später Abendstunde allein, mit einer Katze auf dem Schoß,
und sehe, wie langsam Licht für Licht angeht
in Soller –

Ein tiefer Abendfriede liegt über allem –
Innen und außen Ruhe, tiefe Ruhe –
Die Ruhe füllt mich aus.

Deya

Nicht weit entfernt von Valledemosa
erreiche ich Deya, ein Dorf auf einem Hügel,
ganz so wie vor vierhundert Jahren –
Die Gassen eng, die Häuser erdfarben,
auf dem Hügel oben die Kirche mit dem Friedhof,
Schubkastengräber in der Mauer,
Die Särge werden in die vorgesehenen Löcher geschoben,
eine Platte davor, der Name eingemeißelt,
Plastikblumen als einziger Schmuck –
Wie fremd sind mir diese Bräuche –
Der Blick von hier oben ist zauberhaft –
Der kleine Hafen von Deya scheint die Jahrhunderte
unverändert, unbeschadet überstanden zu haben –
Ein kleines Lokal, ein paar Boote,
der Hafen ein winziges Halbrund,
uralte, knorrige Olivenbäume,
im Dorf einige Kneipen, in denen sich Touristen wohl fühlen,
Künstler in den alten Häusern stellen ihre Bilder aus –
Keine Werbung an den Gebäuden, die Läden sind fast versteckt –
Am Rande ein nobles Hotel,
es hat sich abgeschottet, stört nicht das mittelalterliche Bild –
Zur rechten Seite der hohe Berg,
der die rauhen Winde fernhält und gutes Quellwasser schickt –
Ich pflücke das erste Mal in meinem Leben Mandarinen,
saftig, reif und süß, vom Baum –
Die Amsel singt wie zu Hause den Abend ein –

Ich sitze auf einer kleinen Mauer und ruh' mich aus –
ich bin ganz ruhig und entspannt –
Die Ruhe wird tiefer und durchdringt auch Geist und Seele.

Abendspaziergang

Den Hafen von Soller verlasse ich am frühen Abend
zu einem Spaziergang –
Das kleine Städtchen liegt bald hinter mir,
ich komme an einem alten Bauernhof vorbei,
der Weg führt in großen Kurven bergauf,
irgendwo hinter den Hügeln liegt Soller –
Orangenhaine, rechts und links der Straße,
süßer Duft, weiße Blüten, reife Früchte,
und dies alles an einem Baum zur gleichen Zeit –
Grenzlinie, nun beginnen die Olivenhaine –
sie nehmen kein Ende –
Ihre silbriggrauen Blätter rascheln leise im Abendwind –
Eine Schafherde überquert die Straße –
Der Hirtenhund versucht Ordnung zu halten –
Ein junges Schaf will ausbrechen,
aber soviel Freiheit ist ihm nicht erlaubt,
der Hund jagt es unerbittlich in das Kollektiv zurück –
Die Sonne sinkt hinter dem Hafen in das Meer,
die letzten Strahlen fallen schräg auf die Landschaft,
sie geben all dem scharfe Konturen –
Ich fühle mich wohl, leicht und unbeschwert –
Den Hafen sehe ich an mancher Wegbiegung;
der Blickwinkel ist jedesmal ein andrer –
Auf der vorletzten Höhe beschließe ich den Rückweg,
es ist schon dunkel geworden –

Ich bin ruhig, ohne Angst,
mir ist vom Gehen warm geworden,
ich bin entspannt, gelöst und genieße den Abendfrieden –
Ruhe strömt durch Geist und Seele –
Die Ruhe füllt mich aus.

La Calobra

Ein Naturwunder ist La Calobra,
eine Bucht wie ein Fjord so eng –
Doch zunächst ist sie nur zu erreichen
über eine Straße, die aus engen Kurven besteht –
Sie nehmen kein Ende, sind so eng,
daß kaum ein zweites Auto passieren kann –
Nach endlos erscheinender Zeit komme ich unten an –
Einige Spanierinnen schauen erstaunt mich an,
eine Frau allein auf dieser Strecke!
Ich gehe weiter in die Schlucht hinein –
Das Wasser hinter mir ist dunkelblau und auch türkis –
auf Steinen geht's tiefer in den Fjord,
der sich immer mehr verengt –
Die Felsen zu beiden Seiten türmen sich mächtig auf –
Vögel schreien ihren Warnruf –
Ich bin ganz allein in dieser Urlandschaft –
Es ist sehr einsam, still, ein wenig unheimlich –
Ich kehre um, als die Felsen sich aufeinandertürmen,
unwegsam erscheinen –
Für Abenteuer ist heute keine Zeit –
Vielleicht ein andres Mal?
Ich geh' zurück, sitze noch ein wenig auf den glatten Steinen
am schmalen Strand –

Ich meditiere vor mich hin –
Mein Atem wird ganz ruhig, die Glieder schwer –
Die Augen fallen mir nun zu –
Ich bin hier und auch in Gedanken überall –
Die Ruhe dringt in jede Pore.

Fahrt in die Berge

Auf der Fahrt in die Berge, über die Höhe
zum anderen Teil der Insel,
komme ich an einem Straßenschild vorbei; Fornalutx,
ein Name mir unbekannt, die Straße im scharfen Winkel
geht bergab in großen Kurven –
Wieder Orangenbäume, dunkelgrün mit leuchtenden Früchten –
ein verzauberter Ort, voll Anmut und Geschichte –
Katzen begegnen mir, lassen sich aber nicht streicheln –
Die Dorfkirche verschlossen wie die meisten –
Straßen, eher Gassen, bergauf, bergab –
Eine alte offene Waschstelle –
Frauen stehen gebückt und reiben die Wäsche
auf den gewellten Brettern wie zu Großmutters Zeiten –
Aber sie waschen nicht mehr mit der Seife aus Oliven,
moderne Mittel sind es, die mit weißem Schaum
ungeklärt in den Bach fließen,
weiter in das Land, es verschmutzen und verseuchen –
Katzen sitzen am Rand des Troges, putzen ungerührt ihr Fell –
Die Frauen schwätzen weiter, beachten mich kaum –
Das offene Waschhaus ist ihr Treffpunkt zum Reden, zu Kontakten,
ist eine Form von Dorfgemeinschaftshaus,
ungezwungen geht's hier zu, sie lachen,
freuen sich, ich weiß nicht über was –
Wir grüßen uns freundlich –
Ich gehe weiter meines Weges, in Gedanken, voller Fragen –
Ich weiß nicht, ob ich sie beneiden soll?
Ich denk' an mein Zuhause, voller Freude, mit leichter Sehnsucht –

Ganz ruhig und zufrieden geh' ich fort,
erfüllt von Ruhe, Freude und Gelassenheit.

Die Fahrt geht jetzt zum Mirador San Barques –
Weit kann ich in das Land hinabschauen –
Der Hafen von Soller scheint aus dem Spielzeugkasten gefallen
zu sein –
Ich vermeine ganz in der Ferne das Meer zu sehen –

Die Bergstrecke ist gut ausgebaut,
sie führt zu einer Militärstation –
Ein riesiger Stausee liegt wie ein leerer Teller da –
zwei Tunnels durchfahr' ich zögernd,
dann über den Paß hinab in den Nordosten der Insel –
Ich erreiche am Abend die Bucht von Pollensa
und finde bald ein Hotel für die Nacht –
Es liegt direkt am Strand, ist eines der ältesten von Mallorca –
Vor dem Haus sitzen in einer Reihe in Schaukelstühlen
alte Engländer, die in gleichem Takt hin und her wippen –
Sie sind stumm, schauen unbewegt aufs Meer und schaukeln,
hin und her, mir scheint's, als säßen sie schon hunderte Jahre da –
Am Abend laufe ich zwei Stunden am Meer das Halbrund ab,
den Jachthafen, der, im Januar verwaist, auf den Frühling wartet –
Die Lampen gehen an und werfen ein fahles Licht auf den Sand –
Ich komme zum Hotel zurück, setz' mich auf einen Schaukelstuhl
und wippe mit, hin und her, hin und her –

Ruhig werde ich und still –
der Atem geht im Rhythmus mit, ein und aus gleich hin und her –
Ich werde schlafen wie ein Bär in seiner Höhle –
Die Bilder des Tages ziehen wie ein Film
gemächlich mir durch den Sinn –
Es sind die besten Einschlafhilfen –
Das Tagesgeschehen verwandelt sich in Traumsequenzen.

Faro Formentor

Regentag auf der Insel, wo sonst die Sonne Reisende verwöhnt,
die aus der Kälte des Nordens fliehen –
Trotz Regen, nach kurzem enttäuschten Fensterblick,
nun erst recht,
Fahrt auf autoleeren Straßen,
regenglänzende Kiefernwälder rechts und links,
zur äußersten Nordspitze der Insel, Capo Formentor –
Die Straße in vielen steilen Kurven
bietet atemberaubende Blicke und ein entsprechendes Fahrgefühl –
Vor lauter Konzentration bleibt keine Zeit für Angst –
Selbst im Grau des Himmels
ist das Wasser in einer Bucht kobaltblau,
mit kleinen weißen Schaumkronen verziert –
Bergauf, bergab –
Gefährliche Glätte, die Scheibenwischer rasen –
Endlich das Ende der Straße –
Der Faro gibt Signal –
Keine Menschenseele, kein Tier weit und breit –
Der Wind schlägt das Cape aus Plastik an die Hosenbeine,
die sekundenschnell durchnäßt sind –
Ein kurzer Blick auf die steilste Küste, die ich je sah –
Er ist berauschend fast –
Durch keinen Sonnenstrahl werden die groben –
Konturen der Felsen geglättet –
Beklommen fahre ich wieder zurück,
bei einer Panne wäre keine Hilfe zu erwarten –
Erleichtert steige ich vorm Hotel aus, die Knie zittern noch etwas –
Nach einem warmen Bad kurze Ruhe im Bett –

Ich schließe die Augen und entspanne mich –
Ich fühle, wie ganz langsam Muskel für Muskel sich entspannt –
Die Spannung weicht, ich werde ruhig, gelöst und schwer –
Vor meinem innren Auge ziehen Bilder vorüber,
der Faro, die unendliche Einsamkeit dort –
Ich freu' mich auf das Essen, auf das Feuer im Kamin,
vor dem ein wenig Sitzen vor dem Schlafengehen köstlich ist.

Alcudia

Vom alten Ort ist nur die Stadtmauer bemerkenswert,
ein, zwei Tore, sonst ist alles recht öde –
Aus der Stadt heraus eine Seitenstraße, die zum Meer hin führt –
Die Bucht von Alcudia ist riesiggroß,
der Strand ist noch winterleer –
Auf den Dünen blühen lila Blüten,
sie lenken ab von den Hotelburgen,
die dicht bei dicht den Strand umsäumen –
Die Sonne dringt langsam durch den Dunst,
sie wärmt mir die nackten Füße und Beine –
Der staubfeine Sand glitzert wie winzigkleine Kristalle –
Die Schuhe in der Hand, lauf ich den Strand entlang,
mit den bloßen Füßen durch den morgenfeuchten Sand –
Das Meer liegt dunkelgrau und seelenruhig da –
An immer neuen Bauten komme ich vorbei,
Rohbauten, leere Fensterhöhlen, jalousieverhangene Fenster,
Kräne stehen wie stählerne Tiere auf dem sandigen Boden –
Alles liegt wie leergefegt –
Unwirklich, daß in ein paar Monaten
der Strand, bunt gesprenkelt von Menschenleibern,
Sonnenschirmen, Stühlen und Booten,
zu lautem Leben bei Tag und Nacht erwacht –

Ich bin allein, ganz ungestört –
Ich atme ruhig ein und aus – ein und aus
und sehe dem Wasser zu,
wie es in trägen kleinen Wellen an den Strand rollt –
Ich bin ruhig und entspannt –
Der Atem strömt so ruhig –
Die Ruhe zieht in alle Glieder,
sie fließt durch Geist und Seele.

Die Höhle von Artà

Am frühen Morgen
vorbei am Torre de Canyamel,
einem Turm aus dem 15. Jahrhundert,
Serpentinen hoch, tief unten die Playa de Canyamel –
Die Hotels in Spielzeuggröße am kleinen Sandstrand –
Die Straße endet vorm großen Fels,
Parkplatz zur Höhle von Artà,
die wie ein Riesenschlund ins Innere der Erde weist –
Es ist noch zu früh, der Höhleneingang geschlossen –
Ein kurzer Gang hart am Abgrund –
Auch hier fressen sich Bagger in die helle Erde,
neue Straßen fordern Baumopfer,
schneiden Furchen in den Berg –
Wie eine Wunde sieht die Baustelle aus,
von Menschen ihm zugefügt –
Ich bin die erste, die mit dem alten Mann
zur Höhle geht, das Tor ist offen –
Dunkel ist es noch, die Größe der Höhle kaum zu ahnen –
Das Licht geht an, und ich stehe staunend da –
Wie Fabelwesen aus der Frühgeschichte
Stalaktiten, Stalagmiten in allen Formen, Größen und Farben –
Sie wachsen nur einen Zentimeter in gut hundert Jahren,
die Zeitdimension ist mir kaum vorstellbar –
Geschickt versteckt sind kleine Lampen,
die als Spot die Säulen anstrahlen,
ins rechte Licht sie rücken,
Höhlen rot ausleuchten, der Hölle ähnlich,
so werden sie auch genannt –
Die schönste Tropfsteinsäule heißt Prinzessin,
aber es gibt auch Drachen, Fische, Engel, noch viele Fabelwesen mehr,
die Phantasie kann Orgien feiern –
Plötzlich soll ich stehenbleiben,
der alte Mann verschwindet für eine kurze Weile,
dann beginnt Musik, die Toccata von Bach –
Es scheint alles ganz unwirklich,
langsam zu jedem neuen Satz geht ein weiteres rotes Licht dann an,

beleuchtet einige Szenen,
lila Licht kommt noch dazu –
Selbst wenn mir »Kitsch« einfällt dazu,
berührt es mich trotz alledem –
Den alten Mann erfreut's,
er ist stolz, daß es mir gefällt,
es ist seine Heimat, die so wunderschön ist –
Nach einer knappen Stunde ist der Spuk zu Ende –
Beim Rausgehen werden viele Stimmen laut,
als ich aus dem Dunkel in das Helle trete,
die hohe Treppe vor mir liegt,
sehe ich Busse auf dem Platz,
die viele, viele Kinder ausspucken,
die schwatzend, schreiend, lachend,
auf die Führung durch die Höhle warten –
Ich danke Gott, daß ich allein
mit diesem alten Mann die Höhle sehen durfte –
Ich fahre weiter in die Sonne,
die hoch am Mittagshimmel steht –

Ich setz' mich in einen Olivenhain –
ich ruhe mich aus und träume weiter von der Höhle,
in der Himmel und Hölle ganz nah sich waren –
ich bin ganz ruhig, gelöst, entspannt,
ganz ruhig wird der Atem,
ruhig, gemächlich geht er aus und ein –
Die Ruhe breitet langsam sich dann aus –
sie strömt durch den Körper,
macht den Geist und auch die Seele still –
ein schöner Morgen, wie ein Geschenk,
das ganz allein mir gehörte.

Cala Ratjada

Am späten Abend komme ich in Cala Ratjada an,
ein Ort, bekannt aus Erzählungen, Katalogen –
Viele alte Leute, die dem deutschen Winter entfliehen,
leben hier wie in einer Diaspora –
Sie sprechen kein Spanisch, die Spanier aber Deutsch –
Der Hafen scheint wenig verändert seit früherer Zeit,
hier hat der Tourismus wenig Schaden verursacht –
Die Strandpromenade wirkt im Mondlicht sehr romantisch –
Je weiter weg vom Ort ich laufe,
desto unverbrauchter erscheint die Landschaft,
viel Grün und Blumen, Kiefernwälder –
Es macht mir Freude, so in der Nacht zu wandern –
Ich bin nicht müde, könnte Stunden gehen –
Der Mond malt Kringel auf das Wasser,
die Wellen plätschern leise an das Ufer,
zufrieden, friedlich scheint das Meer –
Eine Katze läuft hinter mir her,
ich will sie streicheln, doch sie rennt fort –
Ich fühl' mich wohl, so ganz allein auf mondbeschienenem Weg –
Allmählich freu' ich mich auf mein Bett –

Jetzt werd' ich müde, faul, und die Glieder werden schwer –
Ich bin ruhig, zufrieden, gelöst und sehr entspannt –
die Zikaden singen mir das Nachtlied –
Die Ruhe dringt von außen tief nach innen.

Letzte Feriennacht

Die letzte Nacht in Cala Millor,
ein Ort, aus dem Sand gestampft –
Hotel an Hotel, soweit das Auge reicht,
eine Kette aus Beton hinter dem Meer
verwandelt, verschandelt die Natur –
Der Strand hell leuchtend im Morgenlicht,
vom Balkon, ganz hoch oben im Hotel,
geht der Blick weit übers blaue Meeresrund –
Ein paar alte Leute laufen langsam durch den Sand,
Rentneroase zur Winterszeit –
Der Weg nach dem Frühstück führt mich den Strand entlang,
hinauf auf einen Weg, der durch dürres Gestrüpp
zum Turm auf die Hügelspitze weist –
Kaum bin ich dort, umfängt mich ein Gewirr von vielen Stimmen –
Wie Hühner auf der Stange sitzen Leute auf Stühlen,
alle das Gesicht zur Sonne hochgereckt –
Schnell fliehe ich von dort –
Über viele Steine geht mein Weg dem andren Ufer zu –
Hier ist es ruhig, nur die Zikaden singen –
Der Weg ist mühsam, es wird heiß –
Bald kehre ich um,
der Weg zurück bietet neuen Blick –
Mit dem Wagen fahre ich zum andren Ende des Ferienortes,
zum alten Cala Bona,
an dessen äußerstem Punkt die kleine Kneipe noch steht,
die ich vor vielen Jahren mit der Familie hier entdeckte –
Ein Tisch und ein paar Stühle direkt am Meer –
Ein kleiner Strand, ganz urig,
kaum Menschen, nur Wind, Sonne und das Meer –
Die Mittagsrast wird zur Sinnenfreude –
Ich genieße mein Glas Wein, ein wenig Käse, weißes Brot –

Ich sitze und lass' die Ruhe ganz durch mich strömen –
Die Zeit war schön, viele Bilder, unvergessen –
noch lange werden Geist und Seele Futter haben.

Die letzte Fahrt übers Land

Petra und Algaida,
poetische Namen, wie vom Dichter neu erdacht,
bieten unerwartet Kostbarkeiten, alte, schöne Kirchen –
Dann weiter über viele, viele Serpentinen
zum Kloster Nuestra Senora de Cura –
Es liegt auf einem Bergrücken,
der wie der Buckel eines Kamels aus der Ebene ragt –
Der Blick von dort ist phantastisch,
ich vermeine die halbe Insel auf einmal zu sehen,
in der Ferne das Meer, die Hauptstadt Palma –
Auf der Terrasse der Mittagslunch,
Brot, Oliven, Käse und ein Glas Wein,
weiter die Fahrt,
zurück die vielen Kurven, steil und eng –
In Randa am prasselnden Kamin der letzte Espresso –
Vorbei an Olivenhainen, Feldern, kleinen Weilern,
ein Hinweisschild, so ganz nebenbei,
zu einem Castello, hinten im Land, in der Campagna –
Die Zeit, sie muß für den Abstecher noch reichen
bis das Flugzeug mich später am Tag heimwärts bringt –
Eine staubige, holprige Piste führt mich zu einem kleinen Hofgut,
dahinter ein Kleinod der Insel,
eine romanische Kapelle, zauberhaft in blühendem Garten gelegen –
Leider ist ihr Tor verschlossen –
Ein Blick durchs Schlüsselloch zeigt herrliche
Sandsteinschnitzereien –
Castello und Hofgut aus dem Jahr 1243,
die Kapelle aus noch früherer Zeit, die älteste der Insel,
durch Zufall habe ich sie entdeckt –
Der Eindruck ist unauslöschlich,
ein wahrer Zauber liegt über diesem Ort, dieser Kostbarkeit –
Baukunst in höchster Blüte –
Zeitzeuge echter Frömmigkeit –
Die Fahrt zum Flughafen geht durchs Tal
der tausend Windmühlen –
Good bye, du schöne Insel,

die, im Winter herrlich unberührt,
ihre ganze Vielfalt und Pracht mir zeigte –

Die schönsten Bilder in der Seele,
neue Gedanken für den Geist,
tiefe Ruhe und Entspannung für den Körper,
so erfrischt, belebt von Kopf bis Fuß,
mit neuer Kraft und Energie
wird der Alltag wieder gut zu meistern sein.

Februarmorgen

Februarmorgen

Die lang vermißte Sonne lockt
zur ersten kleinen Fahrradtour,
heraus aus dem Häusermeer
mit seinen kalten Mauern,
an den schmalen Fluß,
der, reguliert in seinem Lauf,
durch die Großstadt fließt –
Noch ein wenig Wald,
aus Kaiser Karls des Großen Zeiten,
weite Felder, einige Wiesen
alte Bäume säumen seinen Lauf –
Auf seinem Wasser, graues Grün,
wie in geometrischen Mustern geordnet,
Möwen, viele Möwen,
die vom breiten Strom am anderen Ende dieser Stadt
hierher geflogen sind –
Sie schwimmen federleicht –
Ziehen ruhig ihre Bahnen,
Linien in das Wasser zeichnend –
Schnittpunkte, Verbindungslinien –
Ein modernes Gemälde aus
Licht und Schatten,
die Sonne malt es –

Ich steig' vom Fahrrad, setze mich auf eine Bank,
lass' die Sonne meinen Körper wärmen –
Ich bin ganz ruhig, gelöst, entspannt
zwanglos ziehen die Gedanken weiter –

Auf dem Fluß schwimmen Enten, Schwäne,
Möwen vielerlei Arten –
Ein wenig weiter ist der Fluß ganz leer,
nur ein winziges Wasserhuhn,
so klein wie eine ausgestreckte Hand,
taucht blitzschnell,
verschwunden ist es in der Tiefe,

zurück bleiben Kreise,
die sich immer weiter auseinanderziehen –
Das Wasser ist bewegt, hat ganz neue Strukturen –
Da kommt es hoch,
um erneut unterzutauchen –
Und wieder entstehen Kreise,
die sich mit den alten kreuzen –
Wundersame Muster sind da auf dem Fluß –

Das Auge schaut und schaut –
Ganz ruhig werden die Gedanken –
Der Atem geht ruhig ein und aus, ein und aus –
Ich bin ganz ruhig, gelöst, entspannt –

Am Rande des Flüßchens steht ein alter Baum –
riesige Äste breiten sich aus, strecken sich hoch –
Auf ihnen sitzen viele Vögel,
rabenschwarze Krähen –
Wie überreife Früchte wirken sie im Hell des Himmels –
Sie krächzen, rufen, locken –
Kindermärchen fallen mir ein,
Geschichten von Raben und Krähen,
die mit Zauber viel verändern konnten –
Ich habe plötzlich große Lust,
in alten Märchen neu zu lesen –
Ich radle gemächlich nach Hause –
Ich freu' mich drauf,
es war ein schöner Morgen –

Ostern in der Türkei

Abflug aus Deutschland

Im Airbus elftausend Meter hoch
über allem Alltagsgrau und den Wolken –
Orangerot und türkis der Himmel –
Die Sonne schiebt sich wie eine brennende Kugel
langsam über den fahlen Dunst –
Nur wenige Augen verfolgen den Sonnenaufgang –
Licht, Symbol, das immer wieder nach allem Dunkel kommt –

Ich sitze in meinem Flugzeugsessel,
neben mir unbekannte Menschen –
Ich bin ruhig hier, über allem schwebend,
der Körper ist schwer, gelöst, entspannt,
die Hände liegen locker in meinem Schoß,
die Füße ruhen schwer auf dem Boden, der dünn nur ist –
Ich sehe die Sonne, ihr helles Licht,
ich ahne nur ihre Wärme –
Ich fühl' mich wohl, es geht mir gut –
Ruhe durchzieht Körper, Geist und Seele –
Ich freu' mich auf all das Neue,
das Land, die Leute und die Kultur.

Ankunft in Antalya

Die Berge ragen, im April noch schneebedeckt,
hinter dem leuchtend blauen Meer auf –
Das Rund des alten Hafens, seit vielen hundert Jahren
Ankerplatz für Schiffe aller Art –
heute mehr Liegeplatz für schicke Jachten,
die dem Urlaub dienen, selten nur dem Fischfang –
über dem Hafen die Mauer mit Zinnen gekrönt,
die Burg aus der Seldschukenzeit,
als stummer Wächter dieser Stadt –
Wie Gehilfen die Moscheen,
deren Minarette schlanken Wachtürmen gleichen –
Der bezaubernde Teegarten über der langen Hafenmole,
den ich über viele Stufen vor einem Jahr noch erreichte,
ihn gibt's nicht mehr,
der Samowar ist für immer ausgegangen –
Auch das Gartenrestaurant,
am Ende der langen Palmenallee mit ihren vielen Blumen,
ist geschlossen, ob für immer, ich weiß es nicht –
Am steilen Hang, hoch über dem Meer,
kann ich noch sitzen, ganz allein –

Die Sonne scheint mir ins Gesicht,
sie wärmt den ganzen Körper mir –
Ich habe die Beine weit ausgestreckt,
ich ruhe aus, die Hände liegen locker in meinem Schoß –
Ich ruh' mich aus,
atme tief den Geruch des Meeres ein –
Ich bin ruhig, entspannt, gelöst,
ich träume von den nächsten Tagen,
von Wegen durch das schöne Land.

Nachmittag in Antalya

Nach einer Rast im Café am Hafen
bin ich wieder frisch und munter –
Ich lauf' durch die engen Gassen, bergauf, bergab,
alte osmanische Häuser und Paläste,
mit holzverkleideten Erkern und Balkonen,
alles liebevoll wieder restauriert –
Teppichläden, Ledergeschäfte und dazwischen,
wie überall in der Welt, Souvenirs,
Souvenirs in allen Größen und auch Preisen –
Die Händler feilschen, lautes Palavern,
alles macht mir Spaß –
Ich bin ferienfroh gestimmt und sehr gelassen –
Im Hafen lockt ein Bootsmann zu einer kleinen Fahrt,
raus aus dem Hafen, der noch nicht aus dem Winterschlaf erwacht,
aufs blaue Meer hinaus, dessen Wellen ruhig sind –
Vorbei am alten Wehrturm, dem Kastell an Felsen gebaut,
die hinter hohem lanzengleichen Schilf verborgen sind,
von zahllosen Möwen bevölkert –
Palmen auf der Allee hoch überm Meer –
Hotels im Rohbau warten auf Legionen von Touristen –
Danach ein kleiner Wasserfall,
der kärglich aus dem Felsen sprudelt –
Zurückgelehnt im Boot, die Sonne hoch über dem Gebirge
scheint noch warm –
Doch dann erwacht der Wind,
beginnt das Boot zu schaukeln,
er weht die Haare ins Gesicht –
Die Jacke leistet gute Dienste –
Ich sehe die silberne Spur im Wasser,
die das Boot schnurgerade hinterläßt –
Der Wind beruhigt sich, die Wellen tanzen leiser –

Es ist so ruhig hier, auf dem Meer,
Menschen, Hektik ausgeschlossen –
Die Ruhe dringt tiefer ein,
sie strömt durch Körper, Geist und Seele.

Museum in Antalya

Am anderen Ende der Stadt,
die braune Erde aufgewühlt, neue Häuser,
Hotels werden hochgezogen, schnell, mit dünnen Wänden –
Das Museum heute eingeschlossen,
wo es früher wie auf einer Insel lag,
weit draußen vor der alten Stadt –
Zeitzeugen sind in vielen Sälen,
auf engem Raum zusammengedrängt,
Unbedeutendes neben Imposantem,
aus griechischer, römischer Zeit,
und noch früheren Epochen –
Statuen, marmorweiß, streng, erhaben,
sie waren früher bunt, wirkten so ganz anders
mit ihren Glasaugen, die bunt ins Leere blickten –
Heute sind die Augenhöhlen leer,
die meisten Nasen abgeschlagen,
was jedem Gesicht seine Eigenart nimmt –
Alle wirken wie verletzt, zerstört –
Sarkophage, riesig oft, wie kleine Häuser mit Dächern,
prunkvoll, der Marmor reich verziert,
die ewige Ruhe, die die Menschen sich erhofften,
sie wurde ihnen genommen, ihre Knochen weit verstreut,
ihre Ruhe ist auf ewig hin –
Säulen, ihre Kapitelle aus dorischer, ionischer
und korinthischer Zeit –
Belehrend die vielen Tafeln, die uns informieren,
wie prunkvoll früher die Städte waren,
als Kriegsbeute dann geplündert, verbrannt, zerschlagen,
wieder aufgebaut, in Stilen andrer Völker und Kulturen –
Viele Säle angefüllt mit jahrhunderte –, jahrtausendealter
Geschichte –
Mythen, Märchen, Sagen fallen dabei ein,
Odysseus, Krösus, Agamemnon, Mausolos und viele mehr,
die schöne Helena, Paris, der trojanische Krieg –
Was wäre noch alles aufzuzählen –
Im Garten ein Freilichtmuseum,

Figuren liegen im Gras, schon recht zerstört vom Lauf der Zeit,
sie lassen trotzdem ahnen,
wie schön sie einstmals waren –
Ein nachgestellter Friedhof mit muselmanischen Gräbern,
mit ihren Hauben, Turbanen, klein und groß –
Dort Löwen, Säulenreste, imposant,
und unter einer blühenden Pergola,
die Cafeteria, aus unsrer Zeit,
sie lädt mich ein, zu ruhen, zu rasten,
zu meditieren über die Vergänglichkeit des Lebens –

Die Rast tut gut, nach all dem Schauen in die Vergangenheit –
Ich genieße die Ruhe im Museumsgarten,
kaum ein Besucher stört mich hier –
Es ist nun früher Abend, die Sonne hängt ganz tief,
ihre Strahlen fallen schräg übers Meer,
hinter dem die schneebedeckten Berge liegen –
Ich genieße die letzte Sonnenwärme –
Mein Atem ist ganz ruhig,
ruhig fließt er ein und aus –
Ich bin ganz ruhig, gelöst, entspannt –
Der Tag war randvoll mit schönen Eindrücken,
ich sitz' und sortier' sie für mich, ganz ohne Mühe.

Anatolien

Wie viele Farben zeichnen ein Land?
Anatoliens Grundton ist das silbrige Graugrün der Olivenbäume,
die trockenen Erdfarben,
die selten durch Regen sich verdunkeln,
das satte Grün der Feigenbäume,
das Signalrot der Tomaten,
das Violett der Auberginen,
das Blau der Weintrauben,
das Türkis der Meeresküste,
das dunkle Blau des weiten Meeres –
So viele Farben und auch Kulturen,
die das Land Anatolien bilden –
Pinien spenden Schatten in heißen Sommern,
sie kleben förmlich auf kargstem Boden an den Hügelhängen,
bescheiden bewahren die Wurzeln das Leben in trockener Erde –
Die Inseln vor der türkischen Küste in vielen Grauschattierungen,
Konturen, wie mit einem feinen Pinsel gemalt –
Felsige Landzungen ragen weit ins Meer hinein –
Selten nur weißer Sand –
Anatolien, Schmelztiegel vieler Völker,
seit Tausenden von Jahren,
Durchzugs- und Besatzungsland –
Manche ließen sich für Jahrhunderte häuslich nieder,
prägten neu und bauten auf,
was heute wir bewundern –
Die griechische Kultur überstand in Kleinasien
ohne großen Schaden die Perserherrschaft –
Römisch, byzantinisch, seldschukisch und osmanisch
ist das Land geprägt –
Später herrschte das Imperium Christi,
das die göttliche Botschaft nach griechischem Ritual verkündete
im Gegensatz zur lateinischen Christenheit im Westen –
Auf archaischen Tempeln stehen byzantinische Basiliken,
auf griechische Theater sind römische gebaut –
Europas Philosophen, Künstler, Wissenschaftler
zogen ihre Lehren aus Kleinasien –

Im Inneren Anatoliens gab es das Reich der Hethiter,
reiche Ausgrabungsfunde geben Zeugnis ihrer hohen Blüte –
Einflüsse jüdischer und christlicher Offenbarungen
mischten sich mit syrischer, mesopotamischer und persischer
Ästhetik,
aristotelischer Philosophie, hellenistischer Erkenntnis –
Mönchische Askese und orientalische Traditionen
verbanden sich zu morgenländischer und abendländischer Kultur –
»Land der aufgehenden Sonne« heißt Anatolien –

Ich lasse dies alles auf mich wirken –
Langsam beruhigen sich die Gedanken –
Ruhe strömt durch Körper, Geist und Seele –
Ich bin ganz ruhig und entspannt,
auch der Atem geht ganz ruhig, ein und aus,
er geschieht, es atmet mich –
Ich sitze in die Ruhe wie in einen Mantel eingehüllt
und träum' ein wenig weiter.

Markt in Finike

Nach langer Fahrt durch Kiefernwälder
erreichen wir den kleinen Ort –
An der Straße ist ein Markt, bunt und orientalisch –
Neben taufrischem Obst und saftigem Gemüse,
alles akkurat, dem Auge zu Gefallen, aufgebaut,
Gewürze in vielen Farben,
die sich mit ihren Gerüchen in die Nase schmeicheln –
Kleine Gebäckringe mit Sesam draufgebacken,
sind frisch, noch ofenwarm und kosten nur ein paar Pfennige,
dazu in kleiner Tasse der türkische Kaffee,
fertig ist ein leckres Mittagsmahl –
Auf dem Markt wimmelt es von Menschen,
wenige, alte Frauen meist, in traditioneller Tracht,
dazwischen allerlei aus Plastik, modern und häßlich –
Schuhe, Kleider, Wäsche, sie sind aus zweiter Hand –
Teekannen, unverzichtbar für die Türken, in allen Größen,
kleine Gläser dazu, die ebenfalls für den Raki zu gebrauchen sind,
den Anisschnaps, der pur oder mit Wasser verdünnt,
auch Eselsmilch genannt wird –
Am Rand des Marktes sitzen wir
und machen Pause,
verzehren frisch gepflückte Orangen –
Abschied dann von den Menschen, die uns freundlich begegneten –
Ich denk' an Deutschland, wo sie die Fremden sind,
die selten Freundschaft dort erfahren –
Wir winken, sind voll guter Vorsätze,
ihnen in unserem Land Achtung,
vielleicht auch Freundschaft anzubieten.

Ich sitze im Bus, wir fahren weiter,
bin müde, satt vom vielen Sehen –
Die Glieder sind ganz schwer –
Der Atem und die Gedanken sind nun ruhig –
Ich bin entspannt, gelöst, ich fühl' mich wohl.

Myra

Berühmt durch seine lykischen Felsengräber,
die wie Häuser, Tempel und Paläste in steile Wände,
in den Stein gehauen –
Könige, Fürsten und große, reiche Familien,
neben- und übereinander, wie kleine Städte in dem Fels –
Es ist schwer, sich vorzustellen, wie sie gebaut,
ohne Kräne und modernes Handwerkszeug –
Reste von Farben an den Säulen,
die wie gedrechselt aus dem Stein herausgeschlagen –
In Myra selbst die Grabkapelle des heiligen Nikolaus,
er war Patron der Seeleute, Kaufleute,
der Juristen und Gefangenen,
ist nationaler Schutzpatron der Russen und der Griechen –
Er lebte als Bischof vor fünfzehnhundert Jahren in Myra,
nur wenig ist von ihm bekannt –
Verbrieft ist, daß verehrt er seit dem 6. Jahrhundert
in Lykien war und viele Pilger kamen –
Seine Gebeine wurden geraubt von Kaufleuten aus Bari,
die sie 1070 nach Italien brachten –
Durch diesen frevelhaften Diebstahl wurde er erst wirklich bekannt –
Als Patron der Kinder
wurde er in den Klosterschulen nun genannt,
und auch die Sitte, die wir bis heute beibehalten,
Geschenke am 6. Dezember zu verteilen,
Schuhe vor die Tür zu stellen,
ist seit einigen Jahrhunderten überliefert –
Nach all dem Sehen meldet allmählich Hunger sich –
Direkt am Meer, an langen, weißgedeckten Tischen,
gibt es das Mittagsmahl nun
aus frischen Fischen, Salat und Brot –
Uns zur Freude legt ein Segelschiff gerade an,
ein junges Paar werkelt herum –
sie kommen aus Australien,
und dies nur mit dem Sextant,
so umfahren sie die Welt ein ganzes Jahr –
Weiter geht es zu dem alten Ort Kas

mit seinen schönen Häusern aus dunklem Stein,
mit kunstvoll geschnitzten Holzbalkonen verziert –
Ein lykisches Grabmal steht mitten in einer Straße,
daneben viele bunte Läden mit Souvenirs,
die apart und nicht gerade billig sind –
Menschen laden uns zum Tee,
immer wieder diese Freundlichkeit,
die tief berührt und auch beschämt –

Müde sitze ich im Bus,
die Reise geht weiter zu neuen schönen Stellen –
Die Beine sind mir schwer geworden,
das Gemüt ganz leicht –
Ich ruh' mich aus
und lass' die Bilder draußen vorüberziehen –
Es ist nicht schwer, hier sich wohlzufühlen.

Wir kommen übers Land dem Meer nun näher,
eine schmale Sandbucht liegt noch davor –
Sie ist berühmt in aller Welt, vermittelt durch die Medien –
Die Landzunge mit feinstem hellen Sand
ragt weit ins tiefblaue Meer hinein,
ein Ort von großer Schönheit, tiefstem Frieden –
Hunderte von zarten Spuren im Sand,
von Schildkröten, die des Nachts in großen Scharen strömen –
Man wollte bauen hier, Betonpaläste,
und den Tieren ihre Lebensgrundlage nehmen –
Doch haben endlich einmal Menschen
für die Natur gesiegt,
bekämpft den Mammon,
doch für wie lange noch?
In schmalen Booten, ohne Motor,
fahren wir durch Wälder aus Schilf und Gräsern,
umrahmt von Felsenwänden, in denen sich oft
        ein Grabmal befindet –
Nur mit der Kraft des Windes gleiten wir den Fluß entlang
        zum Meer hin
und wieder zurück, zur Mittagsrast in die Taverne,
wo wir erwartet werden mit großer Freundlichkeit –

Ich sitze nach dem Mahl am Fluß,
weitab von allen Menschen,
genieße die Sonne, die zu Hause ich oft vermisse –
Mein Atem geht ganz ruhig, ein und aus, ein und aus –
Ich bin entspannt, gelöst und ohne Sorgen –
Es träumt sich schön an solchen Orten,
die voll Geschichte und Geschichten.

Marmaris

Der Weg nach Marmaris verläuft in engen Kurven
über Bergstraßen zwischen sattgrünen Kiefernwäldern,
die hier noch unbeschädigt wachsen dürfen –
Der Bus fährt hart am unbefestigten Straßenrand,
steil liegt der Abgrund vor meinen Blicken,
die ich lieber wieder auf das Meer richte,
in dem viele kleine Inseln wie Blätter schwimmen –
Die letzte Kehre vor der Stadt mit dem schönen Namen,
ein Blick hinunter aufs Hafenrund,
die Festung, weiße Häuser, zauberhaft –
Die Festung mit Zinnen versehen,
aus dicken Quadern im 16. Jahrhundert gebaut,
ist Museum heute, vielbesucht –
Der schmale Hafenkai, an dem ein großes Segelschiff
zu chartern ist für Fahrten an die Küsten der Ägäis und des
Mittelmeers –
Sonst ankern wenig Schiffe hier,
ganz anders als in der Hochsaison,
wo Boote, Schiffe sich dort drängeln –
Nur wenig erinnert Marmaris an das alte Phykos,
im Königreich der Karier,
von denen wir nur wenig wissen –
Ich sitze mit jungen Freunden am Hafen,
im kleinen Café, ganz entspannt und locker –
Wir genießen aus winzig kleinen Tassen das süße Gebräu,
den berühmten türkischen Mokka –
Worte versickern in ruhiger Behaglichkeit,
die Hektik unsrer Städte ist weit weg,
orientalische Gelassenheit erleben wir –

In tiefster Ruhe sitze ich,
atme den Duft des Meeres ein,
der ungetrübt in dieser Jahreszeit noch ist –
Gelassenheit und Ruhe,
Freude und auch Dankbarkeit
für all das Schöne fühle ich.

Der Weg nach Didyma oder der Tempel der Weissagung

Auf dem Weg nach Didyma eine Teepause
in einem kleinen Ort, recht unbedeutend –
Ich sitze in einem großen Garten an der Straße,
unter riesigen Bäumen, deren Laub noch in zartem Grün,
so daß die Sonne ihren Weg sich zu mir bahnen kann –

Das Gesicht der Sonne zugewandt,
die Augen sind geschlossen,
lausche ich auf meinen Atem, der ganz ruhig geht,
in kurzer Zeit kann ich dort gut entspannen –

In einem kleinen Laden kaufe ich Ouzo, den Anisschnaps,
und die beliebten Sesamringe für die Fahrt –
Die Straße verläuft durch unendliche, unbegrenzte Olivenhaine,
sie ziehen sich über die Berge hin –
Der Bafa-See scheint von jeder Zivilisation unberührt,
an seinen Ufern sehe ich kein einziges Haus,
nur auf einer kleinen Insel,
ein verlassenes, byzantinisches Kloster –
In den Bergen um den See wurde in antiker Zeit Marmor abgebaut,
er bot feinstes Material für all die Tempel, Theater und Statuen –
Berühmte Bildhauerschulen schufen Werke,
deren Schönheit noch heute uns erfreut –
Endlich Didyma –
berühmt seit der Antike dort ein einziges Bauwerk:
der Tempel des Apoll,
ein heiliger Ort der Weissagung –
Aus einer Erdspalte quollen, nach der Sage,
betäubende Dämpfe, die ähnlich einer Droge,
der Pythia halfen weiszusagen –
In Didyma lieh eine Frau dem Gott Apoll ihre Stimme,
Priester übermittelten die Nachricht,
die in Verse nun gekleidet war –
Nie sah der Fragende die Prophetin,
nie kam er mit ihr direkt in Kontakt –
Alexander der Große suchte auf seinem Weg nach Persien
das Orakel auf,

er bat um Prophezeihung für den Ausgang seiner Schlachten,
nach den Erfolgen dankte er mit Großmut –
Durch seine Hilfe wurde der Tempel weiter ausgebaut,
groß und massig, imposant –
Jedoch fertig wurde er nie,
manch unvollständige Säule liegt noch im Gras,
als hätte der Künstler sie vor wenigen Minuten nur
dort liegen gelassen –
In Römerzeit kam der Tempel noch einmal zu hoher Blüte,
eine heilige Straße verband ihn mit Milet, der Metropole –
Ich laufe um das Riesenviereck, das der Tempel bildet,
Vögel kreisen kreischend über Quadermauern –
Den Tempelbezirk verlassend,
find' ich eine alte Moschee
inmitten eines blühenden Gartens –
Die Schuhe ausgezogen, gehe ich auf Strümpfen in das Innere
der Moschee –

Dort sitz' ich unter der Kuppel,
die Beine verschränkt wie ein Muslim im Gebet,
so versenk' auch ich mich in die Meditation,
zu der der Ort so gut geeignet ist –
Um die Gedanken zur Ruhe zu bringen,
konzentriere ich mich auf den Atem –
ich lass' ihn fließen in großer Ruhe,
ein und aus, ein und aus, ohne Unterbrechung,
so werden die Gedanken ruhig,
sie verstecken sich ganz tief im Innern –
Ich bin ruhig und gelassen,
Bilder ziehen vorm innren Auge gemächlich vorbei,
so sitz' ich im fremden Gotteshaus,
dem eignen Gott sehr nahe.

Milet

Selbst heute noch erkennt man an den Resten von Milet
seine einstige Größe und Bedeutung –
Eindrucksvoll ist das Theater,
das wohlerhalten ist
und eines der bedeutendsten der römischen Provinz Asia war –
Seine Lage ist kurios,
denn es befindet sich inmitten von Feldern.
Steigt man auf die obersten Ränge,
sieht das Auge ringsumher nur Landwirtschaft,
doch lag es früher direkt am Meer,
das für Milet Lebenselixier war –
Das Meer zog sich zurück
und die Stadt starb –
Die Kreter gründeten ursprünglich Milet,
die Griechen nutzten seinen Hafen,
später dann die Karer, noch viele andre lebten hier,
ihre Namen sind zum Teil vergessen –
Von Herodot, dem Historienschreiber,
wissen wir manches aus der Geschichte Milets –
er schrieb es in der Sprache der Ionier –
Hochkulturen entstehen meist aus einem Gemisch von vielen
Völkern –
Milet war die größte griechische Stadt in Kleinasien,
sie wuchs und wuchs,
war Herrscherin über den Seeverkehr
und gründete mehr als neunzig Kolonien –
Auch als Zentrum vieler Künstler, Geistesgrößen,
hatte sie Einfluß und Macht –
Um das Jahr 500 war es zu Ende
mit der Pracht von Milet,
alle Menschen waren erschlagen von den Persern,
Athen ward die Nachfolgerin, sie wurde Hauptstadt –
Doch aus den Ruinen Milets wuchs bescheiden neues Leben –
Die Römer machten später dann Miletas, wie sie es jetzt nannten,
zu einer wichtigen Metropole –

Ich sitze auf den sommerwarmen Steinen des Amphitheaters –
Ich bin so wohlig müde,
ich sitze ganz entspannt und schaue über das weite Rund –
Die Hände und die Arme liegen entspannt, gelöst im Schoß –
Die Füße und die Beine ruhen schwer im Sand,
der zwischen all den Steinen noch vom Meer erzählt –
Ich bin ganz ruhig, gelöst, entspannt.

Priene

Zur späten Nachmittagsstunde
fahren wir durch die weiten Sümpfe,
die der Fluß Mäander mitgeschaffen hat,
nach Priene, das früher ein bedeutender Hafen war –
Auch er gehörte zum ionischen Städtebund
und liegt heute, durch die Verlandung des Mäander,
viele Kilometer vom Meer entfernt –
Die Erde ist fruchtbar durch das Schwemmland –
Es ist erstaunlich, wie ein so kleines Flüßlein
wie der Mäander die Landkarte so verändern kann –
Das Stadtbild in antiker Zeit
beherrschte der Tempel der Athene,
von ihm stehen heute nur noch ein paar Säulen,
die, aus Ionierzeit wieder aufgerichtet,
noch immer von der Schönheit damals zeugen –
Priene liegt am Hang, als Belvedere,
dahinter ragt ein einzelner hoher Berg,
der dunkle Schatten wirft –
Die Straßen liegen schachbrettartig angeordnet,
Römer haben weiter ausgebaut, was Griechen erstmals schufen –
Die Gemeinsamkeiten des Ionischen Bundes
lagen in Sprache, Sport und Kultur,
die große Politik war davon ausgeschlossen –
Das ionische Gemeinschaftsgefühl ward brüchig,
wenn Feinde vor den Toren standen,
jede Stadt führte dann ihren eignen Krieg –
Mancher Feldherr wurde wohl auch zum Schutzherrn,
wie Alexander der Große, der für den Athenetempel vieles gab,
er weihte ihn auch selber ein –
Auch fanden sich dort Inschriften von Augustus,
die von seinen Taten erzählen –
Das Bauwerk in der Mitte der Stadt,
das aussieht wie ein antikes Theater,
es war das Rathaus von Priene
und diente dem städtischen Rat als Tagungsort –
Ein zentral gelegener Opfertisch deutet darauf hin,

daß vor der Sitzung ein Eröffnungsgottesdienst,
wohl mit archaischen Riten, stattfand –
Von den drei nach oben aufsteigenden Sitzreihen
kann man weit ins Land hinausschauen –
Das war früher anders,
eine Holzdecke schirmte vor der Sommerglut
das Geviert des Hauses ab –
Die kleine Stadt ist zur frühen Abendstunde unseres Besuches
wie ausgestorben,
wenige Besucher klettern über Steine und Säulen –
Die Sonne wirft ihr schräges Licht über das Pflaster von damals –
Die Straßen wirken heute noch wie neu gebaut –
In manchem Stein sind griechische und römische Inschriften
zu finden –
Wir kommen zum besterhaltenen Gebäude von Priene,
einem kleinen, sehr intimen Theater –
Wir sitzen auf den prächtigen Marmorsesseln der vorderen
Reihe,
die für die Ratsherren bestimmt waren.

Es ist so ruhig hier an diesem Ort,
wir werden still und ruhig,
lassen den Ort und seine Geschichte auf uns wirken,
vor dem inneren Auge ziehen Bilder vorüber,
die uns frühere Zeiten in bunten Farben noch einmal zeigen –
Die Ruhe wird tiefer, der Atem ist kaum noch zu spüren –
Es weht ein ganz besondrer Geist durch Priene,
diese Stadt, die einst am Mäander lag,
eine Atmosphäre, der wir uns nicht entziehen können –
Die Ruhe senkt sich in unsren Geist und unsre Seele –
Die Ruhe ist so umfassend, daß Zeitgrenzen ganz
verschwinden.

Izmir

Hoch über den Häusern, im alten Kastell,
schweift weit der Blick über die große Stadt am Meer –
In deren Mitte, wie zusammengekauert,
die Häuser, windschief, steinbedeckt und grau,
aber manche auch bunt bemalt –
Um den Kern herumgebaut die neue Stadt,
modern, hektisch, laut –
Die Minarette der Moscheen ragen wie Orientierungshilfen
aus dem Häusergewimmel –
Das neue Museum ist markanter Blickpunkt,
der Bazar liegt dort,
wo besonders eng die Dächer kleben –
Der Bus fährt uns runter zum Hafen, an die Prachtallee,
wo ein paar Riesenschiffe ankern,
von dort verschwinden wir in kleinen Gassen,
immer mehr Menschen drängen durch die Enge,
der Bazar verschluckt sie alle –
Manche Gasse ist mit Planen überdeckt,
oder Grünes windet sich an Leinen, bildet ein Sonnendach,
ein kleiner Platz mit verschnörkeltem Brunnen
für die Waschung der Gläubigen vor ihrem Gebet –
In der Moschee sind wir die einzigen, bestaunten Touristen,
unser Tun wird beobachtet,
wenn wir später an den offenen Läden stehen,
die Waren betrachten, ein wenig feilschen,
einiges dann kaufen –
Ein junger Mann, er spricht gut deutsch,
er lädt uns ein, seine Lederwaren anzusehen –
er serviert uns Tee, erzählt von unsrer Heimat,
in der er viele Jahre lebte,
doch seine Eltern zog es zurück in die Türkei –
Er mußte mit, ohne jede Freude,
sein Paß wurde ihm entzogen,
er lebt nun in einem Land, das ihm fremd,
er fühlt sich nicht mehr daheim –
Wir gehen weiter, sehen viel,

sitzen in engster Gasse, ruhen aus, trinken Tee –
Tief im ältesten Bazar dieser Stadt
finden wir Straßen, in denen nur Waren aus Gold ausgestellt sind,
dann Straßen nur für Kleidung, Stoffe und Schuhe,
Straßen, in denen Obst und Gemüse
wunderhübsch, mit großer Sorgfalt, dekoriert sind –
Gewürze locken schon von weitem
mit ihrem exotischen Duft –
Jungen laufen durch die Gassen,
bieten die frischen Heferinge mit Sesam an,
die zusammen mit einem türkischen Kaffee uns eine Mahlzeit
ersetzen –
Fleischläden, an denen halbe Hammel hängen,
auch Kaninchen, Vögel aller Art –
Käse gibt es in vielen Sorten, frisch und preiswert,
Oliven in Tonnen aus geflochtenem Schilf,
wir können die Sorten kaum noch zählen –
Dazwischen, bunt und häßlich, zeigen Dinge aus Plastik,
fragwürdig modernen Standard –
Im Fischbazar wird aufgeräumt,
es ist die Mittagsstunde, der Markt zu Ende –
Lebendig ist dieser Stadtteil,
in dem so viele Menschen wuseln,
die Jungen in Turnschuhen und Jeans,
selten noch eine verschleierte Frau –
Junge Türkinnen schreiten selbstbewußt,
manche Hand in Hand mit ihrem Freund –

Zu guter Letzt noch eine Rast für kurze Zeit am Meer –
Wir ruhen uns aus, den Körper, der nun müde,
und auch den Geist, der sehr satt –
Entspannt sitzen wir in braunen Sesseln,
den Blick aufs Meer, das schläfrig sich bewegt,
die Wellen plätschern leise, ruhig, hin und her,
der Atem folgt, so ruhig geht er ein und aus –
Die Ruhe wird tiefer, erfaßt Körper, Geist und Seele.

Kusadasi

Kusadasi, Vogelinsel, heißt die Stadt und auch das Kap,
das weit draußen ins Meer hineinragt,
auf dem die alte Festung behäbig
den Jahrhunderten trotzt –
Heute ist dort eine Disco,
in die am Abend türkische Liebespaare
engumschlungen wandern,
ein Bild, das in anatolischen Dörfern noch immer unvorstellbar ist –
In der Stadt liegen auf antiken Steinsäulen
Storchennester, aus denen die Jungvögel lugen –
Die Alten umkreisen unermüdlich die Karawanserei,
die heute als Hotel für selten mehr als eine Nacht genutzt wird –
Es liegt am Meer mit dem Blick auf die Stadt.
Mein Abendspaziergang führt mich zum Kap,
wo gerade ein breiter Kutter anlegt,
auf dem es silbern glänzt –
Fische, Tausende und Abertausende, bedecken das Boot,
Matrosen in hohen Gummistiefeln
bahnen sich durch ihre glänzenden Leiber den Weg –
Lastwagen am Kai warten auf ihre Fracht,
die von Mann zu Mann weitergegeben
und in hölzerne Kisten geworfen wird –
Mein Weg führt weiter zum Kastell,
um das ein Weg sich windet –
Im Westen des Kaps der Leuchtturm,
um ihn fliegen Raben, krächzen ausdauernd –
Die Sonne sinkt langsam aus der grauen Abendwolke
ins dunkelblaue Meer hinein,
danach glüht für kurze Zeit der Himmel purpurrot –

Ich sitze auf Felsgestein und schaue zu,
bin nach langer Fahrt recht müde, doch zufrieden,
der Tag war reich an Schönem –
Nun bin ich satt und ruhig –
Ich bin entspannt auf meinem Stein,
der Himmel zieht meine Blicke an,

er verfolgt den Weg der Abendwolken,
die grau mit rosa Saum erscheinen –
Noch lange liegt im Westen überm Meer
ein Streifen, rot-türkis,
bis ich die Augen schließe und nach innen schau',
wo vorm innren Auge die Bilder sich zusammenfügen
zu einem farbigen Mosaik –
Ich werde sehr gut schlafen
und freu' mich auf den nächsten Tag.

Am nächsten Morgen

Nach einer guten, traumerfüllten Nacht
öffne ich nur mühsam meine Augen –
Ich schau' durch die offene Tür des Balkons
hinaus zum Meer, das noch dunstverhangen –
Ein Schreck fährt mir durch die Glieder;
ein riesiger Schatten schiebt sich lautlos in das Blickfeld –
Ein Kreuzschiff fährt langsam zu dem Kai,
fünf Stockwerke zähle ich und zwei Schornsteine –
Plötzlich gibt das Schiff Signal,
der schrille Ton fällt wie ein Messer in die Morgenruhe –
Rauch steigt kerzengerade zum Himmel,
dessen Blau noch wie verwischt erscheint –
Ein Lotsenboot umkreist wie eine kleine Fliege
das große Schiff, aus dem nach dem Anlegen die Passagiere
flüchten,
um in Bussen nach Ephesus zu fahren,
ein Ziel, seit Jahrhunderten schon
beliebt bei Bewunderern antiker Stätten
und Touristen aus vieler Herren Länder.
Nach dem Schreck am frühen Morgen,
sinke ich wieder tief in die Weichheit meines Bettes –

Ich atme tief und löse alle Spannung –
Der Atem ist nun ruhig und gelöst –
Er fließt gleichmäßig ein und aus, ein und aus –
Der Atem geschieht – es atmet mich –
Ruhig bin ich und ganz gelöst –
Ruhig und entspannt genieße ich mein Liegen –
Schwer sinkt der Körper ins Bett hinein,
Gelöst und ganz entspannt die Glieder –
Ich bin ruhig und entspannt, genieße den frischen Morgen.

Ephesus

Weltberühmt die antike Stätte Ephesus,
gut erhalten und viel besucht,
beschrieben, gemalt und fotografiert –
Von den Ioniern vor mehr als zehn Jahrhunderten gegründet –
Zweihunderttausend Menschen lebten in der Glanzzeit dort,
wurden von bedeutenden Königen regiert,
so auch vom sagenhaften Lyderkönig Krösus,
Synomym noch heute für Verschwendungssucht,
vom Perserkönig Kyros und den Königen von Pergamon –
Viele Völker brachten ihre Kulturen, exotische Schätze,
die Griechen brachten ihre Götter mit –
Die höchste Göttin war Artemis,
in Rom auch Diana genannt, die jungfräuliche Jägerin,
die im Laufe der Zeit
mit der anatolischen Fruchtbarkeitsgöttin Kybele verschmolz –
Zu Ehren von Artemis wurde ein Tempel gebaut,
der in der Antike zu den sieben Weltwundern gehörte –
Ephesus war die glanzvollste Stadt vielleicht aller Zeiten,
geistig, religiös und wirtschaftlich ein Brennpunkt in der Ägäis –
Doch als im dritten Jahrhundert der Hafen versandete,
versank die prächtige Metropole –
Das 19. Jahrhundert fand sie wieder,
grub aus und restaurierte –
Heute stammen die meisten der Ruinen
aus dem römischen Kaiserreich –
Vom Tempel der Artemis, vor der Stadt,
steht nur noch eine Säule,
auf der respektlos ein Storchenpaar sein Nest gebaut –
Viel Phantasie braucht es, um sich aus den raren Trümmern
ein Bild von dem Weltwunder zu formen –
Vom Platz des Artemistempels
kann man zum Kastell und der Johannisbasilika schauen,
wo der Apostel die letzten Jahre gelebt haben
und auch gestorben sein soll –
Das trutzige Kastell hoch auf dem Berg
stammt aus Byzantinerzeit –

Etwas unterhalb liegt die Isa-Bey-Moschee aus
dem 14. Jahrhundert –
Welten liegen zwischen diesen Bauten,
tiefe Klüfte zwischen den Religionen –
Das Museum in Selcuk birgt einen großen Schatz,
die Artemisstatue, so einzigartig schön,
daß allein ihretwegen ein Besuch schon lohnt –
Im Saal steht sie als strahlender Mittelpunkt –
Der Göttin sind in vielen Ländern Tempel geweiht,
der in Ephesus zählt zu einem der sieben Weltwunder in antiker Zeit –
Nur eine einzige Säule ist heute Zeugnis
von verschwundener Pracht –
Artemis war die Tochter der Titanin Letot
und die Schwester von Apoll, dem schönen Gott –
Pfeil und Bogen waren ihr liebstes Spielzeug,
mit dem zur Jagd sie gerne ging,
mit jungfräulichen Nymphen als Begleitung,
die Männer verschmähen mußten,
da sonst der Tod ihnen drohte –
Die Figur der Artemis gibt etliche Rätsel auf –
Oberhalb des Gürtels quellen viele ovale Rundungen,
ob Brüste, Stierhoden oder Früchte,
niemand kann es heute sagen –
Fruchtbarkeitssymbole sind sie sicher –
Anatolische Erde war seit Anbeginn sehr fruchtbar,
für gute Ernte wurde immer und überall
gebetet, gehofft und auch geopfert –
Muttergöttinnen herrschten in frühester Zeit,
Magna Maters Töchter waren Demeter, Diana und viele mehr –
Ephesus, die reiche, schöne Stadt,
Königin der Antike, lobpries Artemis, die Jungfrau –
Die Stadt versandete, versank ins Unbedeutende,
wurde zu einem armen Dorf –
War es Rache der Götter und wenn ja, wofür,
daß das Meer sich schmollend weit zurückzog
und dadurch alle Lebensadern abgeschnitten hat?
Außerhalb der Kleinstadt Selcuk befindet sich
auf einem bewaldeten Berg,
früher Koressos genannt, das Haus Mariens,

in dem die Gottesmutter ihre letzten Lebensjahre
verbracht haben soll –
Vor hundert Jahren sah in einer Vision
die deutsche Ordensfrau Katharina Emmrich
diesen Ort und beschrieb ihn sehr genau –
Grabungen brachten Fundamente aus dem ersten Jahrhundert
nach Christi Tod zu Tage –
Seit Jahrhunderten ist dieser Platz mit seiner heiligen Quelle
Wallfahrtsort für die Christen auch im Lande des Propheten –
Hier wurden sie toleriert und nicht verfolgt –

Am Ende eines reichen Tages
sitze ich entspannt und ruhig auf einer Bank,
unter hohen Bäumen, die milden Schatten mir gewähren,
denn die Sonne brennt noch immer heiß –
Ich genieße die Ruhe, die ich fühle,
wie sie weiterströmt vom Körper in den Geist und in die Seele –
Vor den geschlossenen Augen sind noch Bilder vom Tage,
doch langsam verschwinden sie wie Wolken am Himmel,
es ist still in mir und ruhig,
mir geht es gut in meiner Haut.

Ephesus-Rundgang

Der Rundgang beginnt am großen Theater,
das in die Flanke des Berges Pion gebaut ist
und fünfundzwanzigtausend Menschen Platz bot –
Noch heute finden Festivals dort statt,
auf neuen und antiken Stufen sitzen dann die Gäste –
Der Weg führt weiter leicht bergauf
über die berühmte Marmorstraße,
an ihr liegt Celsus Bibliothek,
die im 2. Jahrhundert ein römischer Konsul
als Gedenk- und Grabstätte
für seinen Vater hat errichten lassen –
Sie hat eine überaus prächtige, fast barocke Fassade,
ist in Ephesus das besterhaltene Monument –
Ein kluges System von Luftkanälen
hielt die vielen Schriftrollen,
die in Nischen lagen, damals trocken –
Auf der marmornen Kuretenstraße geht es weiter,
zum gelungen restaurierten Hadrianstempel,
der dem vergöttlichten Kaiser gewidmet war –
Daneben liegen die Scholastika Thermen,
die außer den Badefreuden der Lust noch dienten –
Eine kleine, tönerne Figur, in aller Welt bekannt,
nachgebildet in vielen Materialien,
läßt vermuten, daß dieser kleine Mann
mit seinem Riesenphallus der Hausgott war –
Zum gut erhaltenen Odeion, führt der Weg recht steil nach oben –
Die Sonne, Feuerball im blauen Himmel,
meint es fast zu gut mit uns,
wir suchen mitten im April den Schatten auf –

Wir ruhen aus am Magnesischen Tor, dem Haupttor nach Ephesus,
auf antiken Säulenresten sitzen wir,
die Beine müde ausgestreckt,
die Hände entspannt im Schoß, so lauschen wir
schläfrig-wohlig den Worten unsres Reiseführers,
sind so müde, gesättigt von all dem Schönen,

der Geist, die Seele sind satt von Weltgeschichte –
Keine Wort mehr reden wir,
genießen nur die Pause,
der Körper ist entspannt und schwer,
die Gedanken schweben wie bunte Luftballons davon.

Wir freuen uns aufs Mittagsmahl,
das oben in den Wäldern, hoch über der antiken Stadt,
für uns bereitet ist –
Dort, unter großen, im April schon schattenspendenden Bäumen,
sitzen wir an langen, hübsch gedeckten Tischen,
und genießen ein leichtes, türkisches Mittagsmahl –
Wein, mit viel Wasser verdünnt,
löscht angenehm den Durst und ohne große Folgen –

Satt, zufrieden genieße ich die Mittagspause –
Vögel singen mir die Begleitmusik,
ich bin ruhig und entspannt,
fühle die Ruhe größer werden,
in Körper, Geist und Seele.

Pamukkale

Eintönig ist die Fahrt übers Land,
und plötzlich verschlägt es den Atem,
von vielen Fotos schon bekannt,
blendet es fast das Auge durch schneeiges Weiß,
Pamukkale, das sogenannte Watte- oder Baumwollschloß,
das mit seinen Stalaktiten
wie ein Alabasterschloß schimmert, glänzt –
Heiße Thermalquellen lassen das Wasser rinnen
und haben Gebilde wie aus Eis oder Wolken gezaubert,
Becken in Terrassen übereinandergelagert,
gefüllt mit hellgrünem Wasser,
Kaskaden aus Kalksintergestein, bilden dies Naturwunder,
das schon bekannt in antiker Zeit,
auch damals zum Baden genutzt –
Über all dem Wunder liegen die modernen Hotels,
die für ihre Bäder die heißen Quellen nutzen –
Swimmingpools, in denen noch zur Nacht,
von Sternen beleuchtet,
Gäste aus aller Welt sich aalen –
Weiter oben, über den Hotels,
liegt Hierapolis, die »heilige Stadt«,
die ihren Namen den vielen Tempeln verdankt –
In den Ruinen von Hierapolis finden wir die Thermen,
die in byzantinischer Zeit zu einer Basilika umgebaut –
Der Höhepunkt jeder antiken Stadt, das Theater,
ist auch hier sehr prächtig,
mit den schönsten Friesen aus Marmor,
sie zeigen zu Ehren von Dionysos sein Leben
und dienten als Kulisse überm Bühnenboden –
Noch heute finden Archäologen Kostbarkeiten,
sammeln, fügen zusammen, katalogisieren,
akribisch, mit unendlicher Geduld –
Weltberühmt die Nekropole,
die größte noch erhaltene Totenstadt –
Erdbeben in früher Zeit rissen die Erde auf,
Sarkophage liegen herum,

als hätten Riesen mit ihnen gespielt
und sie sich zugeworfen, wie kleine Bälle in Quadrat –
Das Grab des Apostels Philippus soll hier oben sein,
ein kleines Steinhaus, Ruheplatz für die Ewigkeit –
Im kleinen Ort hinter der Nekropole wird wild gebaut,
Zimmer mit eigenen Thermalbädern angeboten –
Die Quelle, ihr Wasser über 50 Grad,
sprudelt rostbraun aus der Erde –
Jedes Haus hat sein eignes Bad, eigne Becken
mit dem heilenden Wasser, das seit unendlicher Zeit
kostenlos aus der Erde quillt
und heute für Touristen vermarktet wird –

Ich liege am späten Abend im warmen Wasser
eines Naturbeckens von Pamukkale –
Entspannt, gelöst alle Glieder,
die schwerelos im warmen Wasser liegen –
Ich fühl' mich wohl und genieße die Wärme, Ruhe, Stille dort –
Ich zelebriere förmlich den Abendfrieden –
An meiner Haut das seidenweiche Wasser,
das warm sie umschmeichelt –
Ich bin so ruhig, gelöst, entspannt
und freu' mich auf die Nacht, den Schlaf, die Träume.

Aphrodisias

Die Straße führt durchs Mäandertal,
in der Ferne ragt der schneebedeckte »Vaterberg«, der Baba Dagi auf –
Vom Tempel der Aphrodite ist nicht mehr viel zu sehen –
Steine, Säulen, glatte und kannelierte,
liegen zerborsten auf der trockenen Erde –
Nach kleinem Fußmarsch durch die sandige Öde,
stehen wir vor dem größten Stadion der antiken Welt,
dreißigtausend Sitzplätze um das riesige Oval,
das noch heute bei Festen verwandt wird –
Wettkämpfe, Tierkämpfe fanden früher auf dem Rasen statt –
Die Byzantiner haben über der letzten Reihe
des Theaters Arkaden hochgebaut –
Übertroffen an Schönheit wird es von dem Odeon
mit seinem halbkreisförmigen Teich,
in dem in warmen Nächten
die Frösche ihr Konzert anstimmen –
Dahinter lagen die Bildhauerschulen,
berühmt in der ganzen antiken Welt –
Nach dem Verlassen des Tempelbezirks
stoßen wir an einem Platanenplatz auf ein Holzhaus,
alt und in anatolischer Tradition gebaut,
auf seinem großen Balkon lebten in den heißen Sommern
große Familien, den ganzen Tag –
Weiter auf dem Weg erreichen wir das Theater,
das außerordentlich prachtvoll ist –
Hochgeschätzt waren in der Antike
die Kunst und das Theater –
Die Kulisse bilden hier viele Säulen,
die wieder in alter Schönheit errichtet sind,
feingeschnitzte Kapitelle und Reliefs –
Vor dem Theater die Agora,
wenig weiter die Thermen –
Ich wünschte mir so sehr,
einmal nur, für kurze Zeit,
dies alles zu erleben, »original«, wie's früher war –

Wir sitzen oben auf der letzten Reihe des Theaters,
freuen uns über die kurze Rast
und träumen uns hinein in eine Zeit,
die noch heute unsere Welt mitbestimmt –
Ruhe, Stille in uns und außen,
nur die Bienen summen –
Wohlig ist zu fühlen, wie schwer der Körper,
gelöst, entspannt auch Geist und Seele.
Ich fühle, wie neue Energien sich bilden,
wie die Lust auf Neues wieder erwacht.

Die letzte Station ist das Museum in Aphrodisias,
dem gegenüber riesige Platanen wachsen,
deren Kronen sich berühren,
verbinden zu einem dichten Blätterdach –
Die Statue der Aphrodite, hier vor langer Zeit gefunden,
steht majestätisch allein in einem Raum –
Die hohe Marmorfigur ist ernst und streng gewandet,
auf dem Kleid sind fünf Reihen wundervoller kleiner Skulpturen,
die Geschichten wohl erzählen
und Aufschluß geben über Mythen –
Kenner lesen wie in einem Bilderbuch –
Für heute ist es genug –

Im Bus streck' ich mich aus,
ruhe und entspanne mich
und träum' ein wenig weiter.

Teppichdorf

Wir beugen uns dem Reiseleiter, wenn auch murrend,
und besuchen ein Teppichdorf –
Das Land will seine Handwerkstraditionen zeigen
und Devisen durch den Verkauf von Teppichen bekommen –
Vor dem neugebauten Dorf sitzen unter Strohdächern,
vor der Sonne etwas geschützt, alte Frauen in Tracht,
sie kämmen und spinnen die gewaschene Wolle –
Daneben stehen dampfende Kessel,
in denen die Wolle in Naturfarben getaucht –
Über der offenen Feuerstelle,
die mit duftendem Holz gefüttert wird,
hängen an eisernen Haken Kupferkessel,
in denen unterschiedliche Farben köcheln,
Indigo, zuerst gelb, dann oxydiert ins berühmte Blau –
Im Haus sitzen an großen Webstühlen immer drei Mädchen,
deren Hände flink die Schiffchen schleudern,
die vielen Fäden ordnen, Muster schaffen –
Viele Stunden sitzen sie hier, oft auch Kinder,
sie plaudern zusammen, doch ihre Arbeit ist schwer,
ich sah keinen Mann so sitzen,
trotzdem sind sie froh, daß sie Arbeit haben,
sie wohnen gegenüber im neuen Dorf mit einigem Komfort,
sie essen im Restaurant, in dem auch die Touristen lunchen –
Im Vorführraum werden Teppiche ausgerollt,
wieder sind's die Mädchen, die es tun,
die Männer stehen herum, erklären Provenienz und Qualität,
Teppiche aus Wolle, Baumwolle und aus Seide,
in allen Größen, alte, neue, auch mit Industriefarben –
Tee in kleinen Gläsern wird gereicht und kleine Pizzen,
die, lecker mit Hackfleisch, Käse gefüllt, gut uns schmecken –

Ich sitze da und höre nicht mehr zu,
ich lass' die Worte wie einen murmelnden Bach vorüberrauschen –
Ich ruh' mich aus, entspanne mich –
Mein Atem fließt ruhig ein und aus –
Ich bin ruhig, ganz gelöst, entspannt –

Ich sah so viel, so vieles Neues, Fremdes,
ich sortiere in Gedanken Schönes, Farbiges
zu einem Muster, das ich mitnehmen kann,
in mein Zuhause, in dem ich immer wieder mich erinnern werde –
Ich fühl' mich wohl, bin ganz zufrieden.

Abschied

Die letzte Fahrt vor dem Abflugstag,
berührt noch einmal eine touristische Attraktion,
eine Tropfsteinhöhle, durch deren Dunkel wir uns schlängeln,
gebückt oft an Stalaktiten, Stalagmiten vorbei,
an kleinen Seen, die fahl im kargen Lichte schimmern –
Bizarre Säulen, Figuren mit Gesichtern,
die Phantasie kann Orgien feiern,
jeder sieht was anderes, sieht seine Sicht der Dinge –
Wieder draußen, genießen wir die Wärme, Helligkeit –
Die allerletzte Rast im Gartenrestaurant,
Gäste, Reiseleiter und der Fahrer,
sie sitzen alle um einen langen Tisch herum,
der auf dem Rasen steht, inmitten vieler Blumen –
Dank wird ausgesprochen,
Freude, daß keine Pannen und Probleme
die Reise überschattet haben –
Ein kurzer Einblick nur in eine große Kultur –
Wie viele Völker haben ihre Spuren hier hinterlassen,
vor denen wir bewundernd stehen –
Touristenscharen verursachen manche Schäden
und bringen doch auch Devisen für das Land –
Die Menschen waren freundlich, begegneten uns als Gastgeber –
Ich nehme mir vor, dieses schöne Land mit viel Zeit
noch einmal allein zu bereisen,
ich will mit den Menschen reden,
ihre Gastfreundschaft genießen,
die so herzlich ist und mich so oft beschämte –
Der letzte Abend in der Türkei –
Ich sitze auf der Kaimauer, die die Tageswärme gespeichert,
und seh' der honiggelben Sonne zu, die langsam sich zum Meer
bewegt,
und wie in Zeitlupe in graue Wolken sinkt –

Ich genieße den Abendfrieden, den lauen Wind –
Ich bin ruhig und entspannt –
Mein Atem strömt ruhig ein und aus –

Die Glieder sind schwer, gelöst, entspannt –
Ich bin so ruhig und gelassen,
die Ruhe dringt in alle Poren,
sie füllt mir Körper, Geist und Seele –

Allmählich wird es kühl,
ich geh' zurück durch pittoreske Straßen,
ins Hotel für die allerletzte Nacht –
es liegt inmitten der Altstadt, neben dicken, grauen Mauern,
gegenüber die uralte Moschee,
von deren Minarett der Muezzin zum Gebet ruft –
Ich sag' auf Wiedersehen und nicht Adieu.

Sommer auf Naxos

Ankunft in Santorini

Das Flugzeug gleitet wie ein stählerner Albatros
dicht über das in der Abendsonne glitzernde, windbewegte Wasser,
auf das graue Band der Einflugschneise,
dem Flughafen Santorini zu –
Die Insel liegt in abendlichem Dunst,
flirrend heiß ist noch die Luft –
Grau, Staub, Steine,
das ist der erste Eindruck von der Insel mit tragischer Geschichte –
Vor vielen tausend Jahren riß der Vulkan sie in Stücke,
zweihundert Meter hoch soll die Flutwelle gewesen sein –
Die Caldera, das riesige Rund inmitten des Meers,
unter dem die Inselmitte versunken ist –
Atlantis soll hier gewesen sein, die sagenhafte Stadt,
auf dem Meeresboden nun verborgen –
Fischer finden immer wieder Zeugnisse aus der andren Welt,
aus Zeiten blühender Kultur –
Mykene war bis hierher vorgedrungen, mit Zeichen seiner Macht –
Heute liegt die Hauptstadt Thira wie eine weiße Schaumkrone
über dem steilen Vulkanberg, dem Rest der Insel von damals –
Die Stadt ist quirlig bunt –
In den Läden viel Glitzer und Tand, auf Touristen wartend,
die wie ein unaufhaltsamer Strom
sich durch die engen Gassen wälzen –
Bunt, laut, schrill, viel nackte Haut –
Tavernen, oft auf Terrassen steil über dem Meer,
Stühle in Reih und Glied
warten auf die ersten Abendgäste –
Musik aus vielen Kanälen, vermischt zu polyphonem Chor –
Schmuck, echt und Talmi,
gleißt und glänzt im Abendlicht –
Der kleine Hafen liegt tief unten,
die Stadt fast zweihundert Meter hoch darüber –
Die Schiffe, Fähren, Jachten und kleine Schifferboote,
liegen wie buntes Spielzeug da –
Der Küstenweg, auf der Inselspitze oben in Thira,
umrundet fast die ganze Stadt

und bietet immer wieder neuen Anblick, Ausblick –
Unten im alten Hafen beginnt der Weg hoch in die Stadt,
mehr als dreihundert Stufen führen steil nach oben –
Früher warteten viele hundert Esel, buntgeschmückt,
um die Touristen mühsam hochzuschleppen –
Heute tut es die Gondelbahn, häßlich an den Hang geklebt –
Weiße Kreuzschiffe liegen in der Caldera auf Reede zur Nacht –
Kleine Boote laden die Touristen aus für ein paar Stunden –
Auf meiner ersten Kreuzfahrt, vor fast dreißig Jahren,
war es der gleiche Weg, der zu einer winzigen Taverne führte,
einzig zwei Tische und Stühle standen am Rande der Schlucht –
Es gibt sie noch heute, um einiges größer,
wieder trink' ich Retsina, den geharzten Wein,
der damals meinen Gaumen erschreckte –
Ich erinnere mich an die vergangenen Jahre,
drei Jahrzehnte, in denen viel geschah –
Drei Katzen schmiegen sich an meine Beine,
sie warten auf Leckereien, eifrig schnurrend,
mit scharfem Blick ihr eigenes Revier abgrenzend –
Auf dem Heimweg sehe ich die Windlichter flackern,
auf Tischen, weißgedeckt, in feinen Lokalen,
die noch leer auf erste Gäste warten –
Die Lichter, sie locken die Insekten,
die stumm verbrennen am heißen Glas der Lampen –
Sterne, Milchstraße, buttergelber Mond,
weisen mir den Weg zurück zu meinem Hotel,
für eine Nacht Herberge, bevor ich weiterreise –
Nach einer Stunde Schlaf ein Zittern, Rütteln, Stoßen,
eine Sirene, schrill, lautes Hundebellen –
Ein kleines, unbedeutendes Beben der Erde
in einer Zone, in der seit Anbeginn
die Menschen es gewöhnt, heute kaum noch schreckt,
doch mir fährt's in alle Glieder,
der Puls rast, das Herz klopft heftig –
Wach liege ich im Bett, vor Angst ganz starr –

Ich besinn' mich schnell auf meinen Atem,
und lass' ihn ruhig wieder fließen –
Ruhig und gleichmäßig strömt er aus und ein –

Langsam lösen sich die verspannten Glieder –
Ich werde ruhig, ganz ruhig und wieder still
in Körper, Geist und Seele –
Der Atem geht nun wieder ruhig, sanft,
die Ruhe durchströmt mich –
Ich fühle, wie der Schlaf auf Samtpfoten sich nähert,
ganz leicht und ohne Zwang kommt er zu mir –
Die Angst ist weit weg –
Die Ruhe ist ganz nah.

Die Fähre nach Naxos

Aus dem quirligen Thira, der Hauptstadt von Santorini,
im Bus auf steilsten Serpentinen
zum Hafen runter, zweihundert Meter tief,
wo Apollo, die Fähre, nicht der schöne Gott,
seinen Rachen weit aufgerissen hat,
so schluckt er Autos, Menschen und Koffer –
Viele steile, enge Treppen führen hoch aufs letzte Deck,
die Menschen sitzen auf breiten Bänken,
recken ihre Gesichter der Sonne zu –
Das Schiffsmaul schließt sich,
die Motoren dröhnen, der Schiffsrumpf zittert,
das Schiff legt ab, ein letztes Hupen –
Gemächlich gleitet es aus dem Hafenbecken in die Caldera hinein –
Thira liegt blendend weiß im Morgenlicht,
hoch oben auf dunklem Lava-Felsgestein –
Bevor es in das offene Meer einfährt,
gleitet das Schiff an einem kleinen Vulkan vorbei,
der noch immer recht lebendig für Spannung sorgt –
Sein runder Schlund scheint harmlos-zahnlos –
Doch wehe, er beißt zu,
Verderben ausspuckend,
alles mit glühender, tötender Lava überdeckend –
Manchmal wächst dann aus dem Meer ein neues Inselchen,
noch kahl und grau, unbewachsen –
Ruhig brummend zieht der Schiffsapoll,
der weiße Stahlkoloß, seine gerade Bahn –
Ich gehe zur Brücke, zum Kapitän,
er zeigt sich geneigt, mir vieles zu erklären –
Dann gibt er mir das braune, blankpolierte Ruder in die Hand,
ich darf den Kurs halten, immer geradeaus,
das ist nicht einfach, wie ich merke,
und gebe aufatmend das Ruder wieder ihm zurück –
Nach drei Stunden legt das Schiff erstmalig an –
Menschen steigen aus und ein, winken, rufen –
Weiter geht die Fahrt,
begleitet von Wind, Wind und nochmals Wind,

er fährt durch die Haare, die Jacke, durch die Haut,
verdrängt die Sonnenwärme –
Dicht an die Schiffswand gedrängt,
suche ich ein wenig Schutz und Ruhe –

Die Hände liegen entspannt im Schoß,
die Augen fallen langsam zu,
sie schauen bald nach innen,
Bilder ziehen dort ruhig ihren Weg,
sie ziehen vorüber wie Wolken am Himmel,
ich spüre meinen Atem ruhig, ganz ruhig,
ein und aus, ein und aus
er geschieht – es atmet mich,
er besänftigt Körper, Geist und Seele –
Ich bin ganz ruhig, gelassen, tief entspannt,
und sehe dem Neuen, das auf mich wartet,
gelassen und interessiert entgegen.

Ankunft in Naxos

Beladen mit schweren Koffern balanciere ich aus dem Schiff,
wankend, schwankend, bemüht um Halt –
Die kleine Touristenschar aus Deutschland
steht mit müden Augen am Hafen,
sie wird begrüßt, verladen, ihr Gepäck verstaut –
Der Bus fährt durch Naxos, auch Chora genannt,
die kleine Hauptstadt direkt am Meer –
Das Kastell, wie ein Nest hoch über der Stadt –
Ein Tempelrest auf steiler Klippe, am andern Ende,
steht wie ein Tor in mythische Vergangenheit –
Die Fahrt über die Insel,
durch viel Grau und wenig Grün –
Seit vier Jahren fiel hier kein Regen,
kein Wasser für Ernten, die es früher dreimal im Jahre gab –
Der Wasserspiegel sinkt in den Brunnen,
versalzen ist dort das wenige nur –
Menschen verarmen, die sonst seit Jahrhunderten
sich autonom versorgten –
Touristen verschwenden mit ihrem Hygienewahn
die Lebensgrundlage der Menschen hier –
Enge Straße, verstaubtes Schilf am Rande –
Windmühlen, ohne Rad meist, das Strohdach offen,
trauriger Anblick, Verfall, Erinnerung an andre Zeiten –
Hügel, schwarz vom letzten Feuer, das alles verbrannte,
lang wird es dauern,
bis ein wenig Grün sich wieder entfaltet –
Ab und zu, ganz ungewohnt, ein grünes Geviert,
berieselt mit dem teuren Naß.

Ich sitze im Bus, entspannt und ruhig –
Die lange Fahrt zur Insel neigt sich dem Ende zu –
Der Atem geht ruhig,
er kommt und geht,
ruhig und gleichmäßig –
Ich bin ruhig, gelöst und ganz entspannt
und freu' mich auf all das Neue.

Zuhause für ein paar Monate

Am Hang, wie hingelehnt, das kleine Feriendorf,
für ein paar Monate nun mein Zuhause –
Die Häuser, weiße Kuben in der Mittagssonne –
Die Erde, noch grau und wund vom Bauen,
wird langsam grün, durch viel Arbeit, Wasser und Mühe –
Wie dünne Schlangen ringeln sich die Wasserschläuche
von Haus zu Haus, die wie Stockwerke am Hang verstreut liegen –
Terrassen hat jedes Haus, der Blick von überall sehr schön –
Das Meer ist nah zu sehen, von einer Landzunge unterteilt –
Zwei Strände liegen vor der Haustür, hell und leer,
nur wie ein paar bunte Tupfer die Segel der Surfer,
die aus aller Welt hier den Meltemi,
den rauhen Nordwind suchen –
Oben, an der schönsten Stelle, liegt das Haus des Norwegers,
der aus dem Beruf ausgestiegen und hier sich neuen Sinn erhofft –
Der Kamin ragt wie ein weißer Finger hoch,
die Bougainvillea rankt an den blendend weißen Wänden hoch –
Die Terrasse ist wunderschön, der Blick phantastisch –
So weit das Auge sehen kann, erblickt es Wasser, Wellen, Strände –
Paros, die andere Kykladeninsel, liegt gegenüber,
die Konturen verschleiert vom Dunst –
Ab und zu ein Schiff, das wie unsichtbar gezogen,
seine Fahrt nimmt, dem Hafen von Naxos zu
oder zum offenen Meer, nach Santorini oder auch Athen –
In der Bucht liegen die kleinen Tavernen
mit ihren Terrassen im Sand, direkt am Strand,
die fangfrischen Fische rösten auf dem Grill,
die bunten Salate in großen Schüsseln,
der Landwein in gekühlten Krügen,
das Brot, noch warm, mit krosser Kruste –
Griechen sitzen hier, ein paar Fischer oder Bauern,
wenige Touristen zu dieser Zeit des Jahres –

Das Wasser plätschert direkt vor meinen Füßen,
ein kühler Wind streicht über meine Stirn,
so sitz' ich da und ruh' mich aus –

Ruhig bin ich und ganz gelöst,
der Atem geht ganz ruhig, fließt aus und ein, aus und ein,
ganz ohne Mühe,
die Hände liegen entspannt im Schoß,
die Füße schwer im Sand,
der ganze Körper ist entspannt, gelöst,
die Augen blicken ohne Spannung auf das Meer, das wirklich blau,
wie sonst meist nur auf Postkarten zu sehen,
blau und heute ohne Wellen,
als schlafe es, als ruhe es aus, vor neuen Taten –

Milchstraße

In der ersten Nacht auf Naxos,
glaube ich meinen Augen nicht zu trauen –
Die Milchstraße am Himmel
ist wie ein blendendweißes Band zu sehen,
umgeben von ungezählten Sternen in vielen Größen und Farben –
Es ist ein Gefunkel, Geglitzer am Himmel,
als hätte ein Licht- oder Bühnenkünstler dies alles entworfen –
Seit meiner Kindheit habe ich so etwas nicht mehr gesehen –
Ohne Dunst, Smog oder Großstadtschmutz
ist sie an den Himmel gemalt,
wie mit einem dicken Stift –
Die Badematte auf den Steinen der Terrasse,
in die warme Decke eingehüllt,
lieg' ich da und schaue, schaue ohne Unterlaß
zum Himmel, den Sternen, der leuchtenden Milchstraße,
warte auf Sternschnuppen,
die im Sommer vom Himmel fallen
und wie es heißt, Wünsche erfüllen können –
Ich warte lange ganz vergeblich, unverdrossen,
da plötzlich, ein riesiges Licht,
das quer über den Himmel rast,
urplötzlich dann verzischt –
Noch ein letztes Blitzen, dann ist es verschwunden,
als hätte es nie existiert –
Einen Wunsch habe ich frei, so will's der alte Kinderglaube, doch fällt
so schnell mir gar nichts ein –
So ohne Wunsch zu sein, welch ein Glück –

Ich bin ganz glücklich und fühl' mich gut,
ein wohliges Gefühl durchströmt mich –
Tiefe Ruhe und Gelassenheit,
ein guter Einstieg für die Nacht,
in der ich mich erholen kann,
um am nächsten Morgen dann gestärkt
die Arbeit neu zu beginnen –
Das letzte Bild vor dem innren Auge

ist der Sternenhimmel,
wie eine Theaterkulisse, so schön –
Für die »Sterntaler« oder »Zauberflöte« gestaltet –
Wieviel Wunder gibt's zu sehen,
wenn wir mit mehr als nur dem Auge schauen.

Surfer

Im großen Rund des hellen Strandes
liegen wie Riesenschmetterlinge die Segel der Surfer
ausgebreitet im Sand –
Auf dem Wasser ziehen sie lautlos ihre Bahn,
Menschen aus vielen Ländern,
in einer Ordnung, die durch den Wind bedingt ist –
Im Juli und August,
wenn es sonst in Griechenland glühend heiß ist,
weht auf Naxos der Meltemi, der berühmte Wind,
der von Norden kommt und braust und stürmt –
Im schwarzen Gummianzug, wie dunkle Käfer wirken sie,
die Surfer,
fast den ganzen Tag verbunden mit der Stange ihres Segels,
über die Wellen reitend, fliegend fast,
Neptuns Gesellen, nur ohne Dreispitz,
sausen sie, ohne den nächsten zu stören,
über das Wasser –
Manchmal eine Unterbrechung in der Ordnung des Surferchors,
einer ist gestürzt, liegt zunächst hilflos im Wasser,
das Brett neben sich, manches Mal auch über sich,
und versucht mühsam, sich dann aufzurichten,
um von neuem dahinzugleiten
auf der Jagd nach Seelenlust, nach dem Rausch
der Schwerelosigkeit –
Kinder haben ihre eignen Bretter, nur ein wenig kleiner,
sie jagen den Alten nach, mit gleicher Begeisterung –
Oft kreuzen sich die Wasserspuren,
es entstehen Muster, geometrisch fast –
Die Begeisterung, der Rausch macht sie zu Brüdern,
sie teilen Lust und Freude,
die an Besessenheit fast grenzt –

Vom Zuschauen werde ich müde –
Ich sitze im weichen, warmen Sand,
wie auf dem feinsten Kissen, so weich,
Bin gelöst, entspannt und ruhig –

Ich genieße die Ruhe in mir und auch außen –
Die Glieder sind gelöst, entspannt und angenehm schwer –
Der Atem fließt wie ein ruhiger Strom durch meinen Körper –
Ich bin so ruhig, nichts lenkt ab oder stört –
Ich bin ganz ruhig und entspannt,
die Meeresluft ist frisch und rein,
ich atme tief und langsam aus,
ich bin mit mir im Frieden.

Meltemi

Der Nordwind, gefürchtet und geliebt,
der im Juli und August die glühende Sommerhitze vertreibt,
vor der sich die Fremden fürchten,
er weht schon morgens oft,
kommt übers Meer wie ein wildes Tier
und zerrt an den kärglichen Büschen und Gräsern,
er reißt an den Haaren, reibt die Haut,
er läßt die Kleidung flattern,
weht die Wäsche von den Leinen –
Er braust den ganzen Tag,
schläft meist nur in der Nacht –
Mancher mag ihn gar nicht leiden,
wird zappelig durch ihn,
möchte sich am liebsten im Haus verstecken –
Die Seiten in meinem Buch weht er um,
immer wieder muß ich suchen, wo ich las –
Einen Brief zu schreiben auf der Terrasse,
mit dem weiten Blick aufs Meer,
ist kein leichtes Unterfangen,
mit Steinen muß man alles gut beschweren –
Ich mag ihn, den wilden Bruder,
der die flimmernde Sommerluft erträglich macht –
Im Schatten ist es mir oft zu kühl,
ich wechsle dann in die Sonne
und bald danach auch wieder zurück –
Der Meltemi macht die Nächte angenehm –
Meltemi, der von Norden kommt,
der die Wellen scheucht, sie aufrührt, auftürmt,
das Meer heftig brodeln läßt –
Wellen stürzen übereinander, Turbulenzen erzeugen sie,
einen Sog, in den hineingeraten, man kräftig strampeln,
sich wehren muß,
um nicht hinauszutreiben weit ins Meer –
Doch in die Wellen, nahe am Strand, sich reinzuwerfen,
das macht Spaß, nimmt oft den Atem,
läßt einen schreien,

das Herz klopft, der Puls wird schneller –
Doch kaum aus den Wellen,
reißt der Meltemi das Naß vom Körper –

Hinter großen Steinen versteckt,
im warmen Sand lieg ich dann da
und genieße die Sonne, ihre Wärme –
Ruhig wird mein Atem, ganz ruhig,
ruhig geht er ein und aus,
er löst und lockert mir die Glieder,
die schwer nun auf der Matte ruhen –
Die Augen schließen sich von selbst,
die Ruhe dringt tiefer –
Gedanken huschen nur noch wie Schatten vorüber,
die Ruhe strömt durch Körper, Geist und Seele –
Der Meltemi, der Wind aus dem Norden,
singt mir sein Lied.

Wege in der Hauptstadt Chora

Hauptstadt klingt recht anspruchsvoll
für Chora, die Hauptstadt von Naxos,
die sich über dem Hafen erhebt,
gekrönt von einem Kastell, aus Venetiens Zeiten –
Der Edelmann Marco Sanudo hat 1207 die Insel eingenommen,
sie wurde Mittelpunkt von einem Dutzend Inseln
im ägäischen Meer –
Das Herzogtum Naxos währte bis zum Jahre 1566,
es gelangte zu ansehnlicher Blüte und auch Reichtum,
davon zeugt noch heute manches Haus,
mit seinem Adelswappen über dem Eingangstor –
Dreihundert Jahre Herrschaft Venetiens,
ein Atemzug nur in der Geschichte –
Die Türken besetzten 1579 die Inseln,
um 1830 erst ihre Herrschaft zu beenden –
Die Insel schloß sich dem neugegründeten,
griechischen Königreich an –
Viele Adelspaläste haben die Türkenzeit überstanden –
In der Nachbarschaft der Schloßruine Kastro liegt eine Kirche,
die aus vielen Baustilen zusammengefügt –
Marmorsäulen aus heidnischen Tempeln
grenzen den Altarraum ab,
Grabplatten erinnern an vergessene Adelsgeschlechter –
Als Altarbild dient eine Ikone von hohem Wert,
sie hat zwei gleiche Seiten, zwei Gesichter,
auf der ganzen Welt soll's dies nur zweimal geben,
bei festlichen Umzügen wird sie herumgetragen,
und ihr wundersames Gesicht können die Menschen
auf beiden Seiten des Wegs dann gut sehen –
Den Kirchplatz säumen die Mauern der Paläste,
blühende Büsche ranken sich empor,
die ausladende Krone eines Baumes bietet Sonnenschutz –
Die wenigen Touristen, die sich hierher verirren,
in aller Ruhe können sie hier staunen und sich freuen –
Die Altstadtgassen führen sternförmig nach unten,
dem Meer, der Uferpromenade zu –

Die Tavernen dort
stellen ihre Tische an den Hafen
und sind nicht nur bei den Touristen sehr beliebt,
manch Alter, selten eine Frau aus Naxos,
sitzt bei einem Mokka oder Wein,
in der Hand das Komboloi,
Perlen wie ein Rosenkranz auf eine Schnur gezogen,
mit dem der Grieche ständig spielt und sich dabei entspannt,
wenn er Perle für Perle durch seine Finger gleiten läßt –

Für eine kurze Rast setz' ich mich dazu,
die Beine weit von mir gestreckt,
so sitze ich entspannt, gelöst
und seh' dem Treiben auf der Straße zu –
Behaglich ist mir, warm und wohl,
nichts drängt sich in diese Ruhe,
die Gedanken gehen ihren Weg,
bald sind sie eingeschlafen,
nur im Hier und Jetzt fühle ich,
wie ich sitze, ruhe, atme –
Ich bin –

Danach gehe ich weiter, zunächst am Ufer entlang,
die Hauptstraße ist mir zu laut und lebhaft,
südliches Gepräge überall –
Auf einem Hügel, am Ende der Stadt,
liegen die antiken Reste von Naxos –
Von weitem ist als einzelnes Monument
das hohe Marmortor zu sehen,
das einzige, das vom Tempel des Dionysos erhalten blieb –
Fundamente eines unvollendeten Apolloheiligtums
aus dem 6. Jahrhundert, sind auf dem vorgelagerten
Felseiland sto Palati noch zu sehen –
Naxos war die Stadt des Gottes des Weines,
Dionysos, der Schutzherr dieser Insel war –
Er war es auch, der um Ariadne warb,
der Königstochter aus Kreta, die hierher verbannt –
Sie ward bestraft, weil sie für Theseus, den Liebsten,
den Faden durchs Labyrinth fein spann,

damit er wieder das Tageslicht erreichen konnte,
nachdem das Untier er getötet –
Ariadne ward von ihm verlassen
und verzehrte sich vor Liebesleid auf Naxos,
wo der Weingott sie schlafend am Gestade fand,
so wie der Mythos es erzählt –
Dionysos verliebte sich und warb um sie,
ob sie ihn erhörte, wir wissen es nicht –
Die Sage spricht von ihrem Freitod –
Sie sprang von der höchsten Klippe hinab
ins kochend brodelnde Meer –
Pompejanische Fresken haben diese Sage uns bewahrt,
auch auf Marmorreliefs ist die Geschichte noch zu sehen –
Eine Oper von Richard Strauß gibt es,
die »Ariadne auf Naxos« heißt, und eine von Monteverdi,
sie berichten von der unbelohnten Liebe,
von Ariadne, der von Theseus so schmählich Verlassenen –
Ich stehe oben, an der unheilvollen Klippe,
ein wenig Angst verspüre ich schon,
denn steil ist der Felsen und wild das Meer,
so wild und tosend, als warteten dort die Geister
einer Unterwelt auf neue Opfer –
Ich verlasse den mythischen Ort,
mein Weg führt durch die ganze Stadt zurück,
dem andren Ende zu –
Ich finde den Friedhof, den kurz ich besuche,
wie große Tortenstücke wirken die schneeweißen Marmorgräber,
geschmückt mit Plastikblumen, die durch die Sonne
schon verblichen –
Bilder der Toten, Kerzen in roten Plastikgläsern aufgestellt –
Auf aufgebrochenen und verlassenen Gräbern
liegen Knochen der Toten,
aus ewiger Ruhe aufgescheucht –
Eine einäugige Katze, dürr, das Fell verfilzt,
liegt neben einem Totenschädel,
Plastikblumen im Sand daneben –
Makaber scheint es mir, ich verlasse bald den Ort,
der so ganz anders als bei uns daheim,
wo ein Friedhof einem Park mehr gleicht,

den zu besuchen Ruhe und innere Stille uns ermöglicht –
Ich komme bald zu einem Strand, der grau
und nur durch Sonnenschirme aufgeheitert wird –
Die Menschen grillen unter Schweiß ihre geschundene Haut –
Ich wandre weiter, weg von all den Leuten,
der Strand bleibt häßlich, verziert von unsrem Wohlstandsmüll –
Bis zu seinem Ende laufe ich durch den nassen Sand,
von wo die Stadt postkartenschön sich bietet –
Auf dem Rückweg mache ich Halt in einer Taverne –
Direkt am Strand, im Sand, stehen ein paar Tische und Stühle,
hier läßt es sich gut ruhen –
Griechischer Wein, helles, warmes Brot,
Salat und ein paar Oliven,
es ist ein feines Mahl –
Nach langer Wanderung tut die Rast nun gut –

Ich ruh' mich aus, schau dabei dem bunten Treiben zu –
Ich fühle meinen Körper schwer vom langen Laufen,
Hände, Arme, Füße und die Beine,
sie sind entspannt und ganz gelöst,
der Atem geht so ruhig ein und aus, es atmet mich –
Die Ruhe wird von ganz allein nun größer, tiefer,
sie durchströmt den Körper wohlig, auch Geist und Seele –
Es war ein schöner Tag,
der langsam nun zu Ende geht –
Die Ruhe läßt sich durch nichts mehr stören.

Sonnenuntergang

Fast jeden Abend sitze ich und warte auf ein Schauspiel,
das ohne Eintrittsgeld hier gespielt –
Im Juli früh, im Herbst viel später
geht die Sonne, höchst dramatisch,
hinter der Insel gegenüber unter –
Jeden Tag ein neues Farbspektakel,
mal ist die Sonne rot wie Feuer,
mal gelb, orange, mal groß, mal kleiner,
mit und ohne Wolken –
Sind Wolken da,
so verändern auch sie minutenschnell Form und Farbe –
Es ist spannend, dem zuzuschauen,
nie werde ich müde, es zu sehen,
Stunden kann ich dann so sitzen,
und nur zum Himmel, dieser großen Bühne blicken –
Der letzte Augenblick, bevor die Sonne schwindet,
nimmt den Atem, bannt die Seele,
dann brennt der Himmel, lichterloh,
neue Farben entstehen, von kühnen Malern hingeworfen –

Jeden Abend das gleiche Spiel, die gleiche Freude –
Die Farben tauchen tief in die Seele,
sie schaffen Ruhe – entspannen mich –
Der Tag war schön, die Nacht kann kommen,
in der ich Ruhe und viele Träume finden werde.

Sorbas Vater

Sorbas Vater, so nennt er sich,
Vassilis, der Tänzer,
der vor vielen Jahren einen Film mitprägte,
der um die ganze Welt dann ging:
»Alexander Sorbas« mit Anthony Quinn –
Vassilis schuf zum leichteren Verstehen
den Sirtaki, den Tanz, von vielen Touristen
weinbeseligt nachgetanzt,
er stammt aus uraltem griechischen Volkstanz –
Der Tänzer klein, sehr drahtig,
liebt sein Land, die Geschichte, die Musik, den Tanz,
dem er leidenschaftlich verbunden ist –
Er führt mit leichter Hand und viel Humor
die Gruppe, die besorgt zuerst der Musik zuhört,
die schwierigen Schritte, von Vassilis vorgetanzt, bestaunt,
er tanzt, bewegt sich leicht, geschmeidig,
er führt sie vor, die Tänze, und auch sich selbst –
Unter Lachen, im Kreis, in Reihen,
der eine tut sich schwer, dem andren fällt es leichter –
Ein paar Stunden Begegnung verbunden mit viel Fröhlichkeit –
Die Musik erzählt, beklagt und singt von Melancholie –

Ich sitze dabei, ohne zu tanzen,
ich ruh' mich aus –
Ich sitz' ganz ruhig, entspannt und sehr gelöst,
meine Gedanken sind ruhig, mein Atem ist gleichmäßig,
er fließt ohne Hast ganz ruhig ein und aus,
mein Gemüt ist heiter, die Seele hell,
ich lasse die Musik in mir wirken.

Die Weberin

Nach dem ersten Teil einer langen Wanderung
erreichen wir ein Dorf in der Nähe des Berges Zas oder Zeus,
mit tausend Metern der höchste Berg der Insel –
Heiß ist es nach dem Aufstieg mir geworden,
obschon es noch früh am Morgen ist –
Enge Gassen, verschlossen wirkende Häuser –
Die Sträßchen winden sich wie lange Schlangen
in vielen Bögen durch das Dorf –
In einem kleinen, uralten Haus,
umrankt von vielem Grün und üppigen Blumen,
führt eine steile Treppe ins enge, dunkle Zimmer –
Der Webstuhl nimmt den meisten Platz dort ein –
Die Betten, an jeder Wand steht eines,
ein Tisch und ein paar Stühle, eine Kommode –
Bilder von den Kindern, Verwandten, aus aller Welt hierher
    geschickt,
ist alles, was das Zimmer ziert –
Die Frau, sie webt seit ihren Kindertagen in diesem Dorf,
sie hat es nie verlassen –
Geheiratet hat sie hier, die Kinder aufgezogen,
die dann in alle Winde sich zerstreuten –
Vom frühen Morgen bis zum Abend
sitzt sie, dreht ihr Garn,
hat es früher noch selbst gesponnen,
so webt sie ohne Vorlagen die schönsten Muster,
meist in hellen Farben –
Decken, Vorhänge, Betttüberwürfe und vieles mehr,
sie webt nach Wunsch, Laune und auch Auftrag –
Der alte Mann, seit Jahrzehnten mit ihr verbunden,
ist stolz, wenn er uns zeigt, was sie geschaffen –
er bietet frische Nüsse an und Wasser aus dem Brunnen,
selbstgemachte Früchtepaste, weißes, warmes Brot –
Sie sind so freundlich, ganz ungezwungen,
eine große Würde geht von ihnen aus –
Arm sind sie nur nach unsrem Vorurteil,
sie wirken zufrieden, glücklich, reich –

Ich sitze draußen unter blauroter Bougainvillea,
warte auf die andren, die einiges sich bestellen –
Von der Treppe, auf der ich sitze, sehe ich das ganze Tal,
im Hintergrund die Berge –
Der Himmel ist blau, ganz ohne Wolken,
die Wärme angenehm, die mir durch die Glieder dringt –

Ich sitze, bin ganz ruhig, still und recht zufrieden –
Mein Atem geht ganz gleichmäßig –
Er füllt nicht nur die Lunge,
ich fühl' ihn in Körper, Geist und Seele,
als eine Kraft, die unerschöpflich,
wie eine Quelle fließt,
und unermüdlich Kraft und Energie mir bringt.

Der Pope

Eine byzanthinische Kapelle ist Ziel einer Wanderung –
Den Schlüssel hat der Pope –
Wir machen Rast in einer Taverne,
die einem der Söhne des Popen gehört –
Es gibt noch andere, schönere Tavernen,
aber will man den Schlüssel der Kapelle,
muß man in die des Sohnes gehen,
Familiensinn in Naxos –
Wir sitzen schon beim ersten Wein,
da kommt der Pope, wie eine Erscheinung,
groß, die schwarze Haube macht ihn größer, die lange Kutte,
den Stab hat er fest in der Hand,
er grüßt mit Würde, doch auch mit Freundlichkeit –
Mit seinem langen, weißen Bart, wie der des heiligen Nikolaus –
Wirkt er ein wenig mythisch –
Doch hat er Frau und viele Kinder
und fragt die Frauen in der Runde,
ob sie auch verheiratet sind und Kinder haben,
Interesse ist es, keine plumpe Neugier –
Er erzählt, daß er das jüngste von 18 Kindern ist,
es war ein Privileg, Pope zu werden auf der Insel,
trotz wenig Geld für diese Arbeit –
Nur Bischof, sagt er, kann er nicht werden,
da er Frau und Kinder hat –
Er ist geboren in diesem Dorf und wird hier einst auch sterben –
Er setzt sich in Positur, streicht über seinen Bart,
rückt die Brille zurecht und läßt sich willig photographieren –
Er bittet um ein Bild, gibt uns seine Adresse –
Sie läßt uns lächeln, diese kleine Eitelkeit,
er trinkt mit uns, hebt sein Glas,
und wünscht uns allen nur das Beste –
Als wir fröhlich wieder gehen,
steht er in der Tür und winkt uns nach,
sie hat uns sehr berührt,
die Begegnung mit diesem einfachen, gläubigen Mann.
Als wir die Kapelle, gebaut vor Hunderten von Jahren,

besichtigt und gewürdigt haben,
ruhen wir uns aus im kleinen Garten vor dem Gotteshaus –

Wir sitzen in der Mittagssonne,
die uns den Körper wärmt,
warm strömt es durch alle Glieder –
Ruhig und entspannt sind wir,
ganz gelassen und gelöst,
lassen die Eindrücke des langen Weges,
der kurzen Begegnung auf uns wirken –
Die Ruhe wird tiefer,
die Bilder ziehen ohne Hast durch unsren Sinn.

Der Kouros

Der Kouros, ein Mann aus Marmor, überlebensgroß,
aus antiker Zeit, verblieben am Ort,
wo sie ihn aus dem Marmorsteinbruch herausgeschlagen,
geformt, gemeißelt und geschliffen –
Nach langer Wanderung sind wir dort angelangt,
im »Paradiesgarten«, der heute einer alten Frau gehört –
Inmitten von verschwenderischem Grün, blühenden Hecken,
Blumen, ein kleiner schilfumwachsener Brunnen,
unter einem Blätterdach Tische und Stühle –
Wie Lampen hängen die Kalabassen im Weinlaub,
die frischen, grünen, noch fest an den Ästen,
helle, getrocknete vom Jahr zuvor,
an Leinen aufgehängt –
Die hohen Eukalyptusbäume mit ihrer grün-weißen Rinde
stehen in langen Reihen, wie Wächter vor diesem Garten,
wirklich einem kleinen Paradies, gepflegt, gehütet –
Nach kurzer Rast, die schnell vergangen mit Wein und Geplauder,
suchen wir den berühmten Kouros,
er liegt wie hingefällt im Garten, unter hohen Bäumen,
ein Bein gebrochen, wohl schon seit Anbeginn,
sein Marmor ist dunkel von der Zeit geworden,
die in Jahrtausenden zu zählen ist –
Vor Christi Geburt haben Künstler ihn geschaffen,
er sollte sicher einen Tempel zieren –
Aus dem Stein geschlagen, die Form noch roh,
sind seine Gesichtszüge nur zu erahnen,
sein Haarschmuck ähnelt dem der Pharaonen,
so wird er in diese Zeit datiert –
Eine große Ruhe geht von diesem Riesen aus,
von vielen Blicken bestaunt, liegt würdevoll er da –
Archaisch in der Form, edel das Material,
war er Priester, Gott, König, Wächter
oder nur ein Mensch, wie du und ich?

Ich sitze vor ihm, blick' ihn an –
Träum' mich in die vergangene Zeit –

Fühle, wie der Körper schwer wird,
entspannt und gelöst werden meine Glieder –
Ganz ruhig geht der Atem, er fließt ruhig ein und aus –
Die Ruhe dringt tiefer, löscht alle Gedanken,
so daß nur noch Stille, Ruhe in mir ist.

Steinsuche

Wie jeden Morgen seit ein paar Wochen
wölbt sich der Himmel im schönsten Blau –
Das Meer leuchtet in Türkis-Smaragdgrün und tiefstem Blau –
Der weite Bogen des Strandes verläuft im sanften Rund –
Die Sonne wärmt, ohne zu erhitzen –
Der Weg geht heute zum andren Strand,
der täglich von der Terrasse lockt, ihn zu erkunden –
Den leichten Rucksack auf den Schultern,
den Sonnenhut tief in die Stirn geschoben,
so lauf ich los, voller Entdeckerlust –
Nach einer halben Stunde bin ich dort,
Hügel aus Abertausenden von Steinen –
Eine Taverne direkt im Sand,
ich rieche das Holzfeuer,
auf dem die frischgefangenen Fische rösten –
Der Strand geht weiter, im unendlich scheinenden Bogen
bis hin zum Horizont, wo Meer und Himmel sich verbinden –
Dunkle Wacholderbäume markieren das Inselende –
Die bloßen Füße fühlen den Sand,
der warm und weich sich an die Haut schmeichelt –
Das Gehen macht er gar nicht leicht,
der weiche, tiefe Sand,
nur wenn das Wasser ihn benetzt,
dann ist er feucht und fest,
bietet den Füßen Widerstand zum guten Lauf –
Den Blick auf den Boden gerichtet immerzu,
denn Steine, Steine, Steine gibt's zu sehen,
in allen Farben, Größen und Formen –
Ich wähl' sie aus, ich sammle ein,
der Rucksack wird ganz schwer –
Ich kann mich kaum entscheiden,
welchen nehm' ich mit, welchen lass' ich liegen,
alle sind so wunderschön –
Im Karren könnt' ich sie alle sammeln,
doch fürs Fluggepäck sind sie viel zu schwer –

Ich fühle einen Stein in meiner Hand –
Es ist so schön, den glatten, kühlen Stein zu spüren,
der durch die Wärme meiner Haut seine eigne Kühle
dann verliert –
Steine sind Handschmeichler,
zum Träumen, Phantasieren, Meditieren laden sie ein –
Laß' die Steine berichten,
ihre oder irgendeine Geschichte,
jeder Stein hat etwas zu erzählen,
woher er kommt, in welchen Zeiten er entstand –
Woher sein Ursprung, welche Wege in Jahrtausenden
er gewandert ist, bis hierher, wo du ihn findest –
Laß dein drittes Ohr all das hören,
sieh mit dem inneren Auge all die vielen Bilder –
Friedlich wird es dann in dir, ganz ruhig –
Ruhig wird es auch in deiner Seele –

Staunen erwacht über die Wunder der Natur –
Kommen sie aus dem Feuerschlund der Erde, vor Millionen
Jahren ausgespien?
Von eines Berges Spitze?
Von andren Kontinenten, die vielleicht schon lange sind
vergangen?
Angespült von welchen Meeren?
Viel Zeit hat es gebraucht, um sie abzuschleifen, glattzureiben,
so daß sie angenehm nun in der Hand mir liegen –
Der Stein, er bleibt immer, was er ist.

Ich sitze mit all meinen Steinen
um mich herum gelegt im sommerwarmen Sand –
Die Wärme dringt in meinen Körper,
wohlig warm ist mir –
Ruhig bin ich, gut entspannt –
Der Körper ist warm und schwer,
die Seele hell und heiter,
der Geist ganz klar –
Ich fühl' mich wohl, mir geht es gut –
Ich fühle tiefen Frieden in Körper, Geist und Seele –

Griechischer Tanz

Am frühen Abend, die Sonne wärmt noch angenehm,
treffen sich Frauen und ein paar Männer auf der großen Terrasse,
von wo der Blick unendlich scheint,
zum Tanzen mit Vassilis, dem Griechen –
Interessiert an der Musik, dem Tanz und auch der Geschichte,
hören sie ihm zu,
der kerzengerade vor ihnen steht,
den Kopf hoch erhoben –
Er erläutert, erklärt, bewegt sich ganz geschmeidig,
tanzt, singt, springt,
sein eignes Tun begeistert ihn,
seine gute Laune steckt alle an –
Sie stehen im Kreis,
die Musik ist fremd in Ton und Takt, fremd der Tanz,
den nachzumachen sie versuchen –
Die Füße wollen ihre eignen Wege gehen,
die Hände flattern, hoch erhoben,
sie zählen ihre Schritte, den Takt in der Musik –
Die Musik klingt oft klagend, melancholisch,
doch auch fröhlich, sinnlich,
die Bewegungen werden freier,
die Wangen rot dabei,
Freude ist allen anzusehen bei ihrem Tun –
Sie tanzen in langer Reihe, im Kreis und auch allein –
Die Sonne versinkt hinter Paros, der Insel der Kykladen,
hinterläßt am Himmel ein kräftiges Farbenspiel –
Der Abendwind kühlt die heiße Stirn –
Ordnung kommt in den Kreis, still werden alle Tänzer,
sind ganz vertieft in ihren Tanz,
sie erfühlen jetzt Musik und Tanz auch mit ihrer Seele,
der Geist ist frei von Alltag oder Sorgen –
Der Tanz ist zu Ende,
still setzen alle sich auf die Felsenbänke
und schauen aufs Meer hinaus, ins Abendrot,
das lange noch sich ständig ändert –

Sie sind ruhig und entspannt,
der Körper ist schwer und warm,
die Glieder ruhen ganz entspannt auf der harten Bank –
Der Atem hat sich beruhigt,
ruhig geht er ein und aus, ein und aus –
Ruhe dringt durch Körper, Geist und Seele,
sie füllt sie förmlich aus.

Felsgestein

Ein kühler Morgen, wolkenlos,
lädt zum Wandern ein, zum Strand im Süden –
Die Strandtaverne liegt ohne Menschen schläfrig da –
Zunächst geht's durch Sand,
der weiß zwischen den dunklen Lorbeerbäumen liegt,
dann über einen Platz, wo die Surfer campen,
weiter zum Berg, dem kleinen Berg,
der nur aus Felsen zu bestehen scheint –
Jeder Fels hat eine andre Fabelgestalt,
die Phantasie erblickt wilde Tiere, Gesichter,
Symbole wie aus früher Zeit,
die Gesichter, in roher Form vergrößert,
manches Tier zum Sprung bereit –
Es ist soviel zu sehen –
Es ist nicht leicht, auf die Füße dabei zu achten,
ein Tasten, Springen, Hüpfen über glatte und auch rauhe Steine –
Der Weg, meist nur für die Ziegen,
zieht sich höher, auf die Spitze des Felsens,
die Aussicht auf das Meer ist von allen Stellen schön –
Hier und da blüht eine Blume,
auf hohem Blütenstengel ein kleines, weißes Köpfchen –
Schiffe ziehen weit draußen ihre Bahn,
manche haben ihre Segel schon gesetzt,
bevor sie das offene Meer erreichen –
Eine kurze Rast ist mir jetzt willkommen –
Ich setz' mich auf einen glatten, warmen Stein,
der einem Kindertischchen gleicht –

Warm ist mir geworden,
der Atem geht kräftig, ein und aus fließt er ohne Unterlaß –
Ich lasse los – die Spannung und den Atem,
ich sitze schwer und ganz entspannt –
Die Gedanken gehen zur Ruhe,
ich seh' das Meer, den Himmel,
das Blau verbindet sich zu einer Farbe –
Ich fühle die Sonne, ihre Kraft und Wärme,

ich bin so fröhlich, gut entspannt,
ich gleite immer tiefer in eine vollkommene Ruhe hinein –
Ich fühl' die Freude größer werden,
auf Naxos zu sein, der schönen Insel der Kykladen –
Neues gibt es zu erleben,
der Abstand vom Alltag zu Hause tut mir gut,
Steine fallen mir von der Seele,
sie rollen zu all den andren hier,
den vielen andren auf dem Berg aus Felsgestein –
Ruhe, tiefe Ruhe strömt durch alle Poren.

Das verlassene Kloster

Ein Wandertag, der ins Inselinnre führt,
das überraschend grün und fruchtbar ist –
Graue, baumlose Berge bilden eine Kette
um ein Tal, in dem das Kloster liegt, das wir besuchen –
Seit langem schon verlassen –
Wie eine Oase, ein ganz besondrer Ort –
Im Klostergarten zwei hier seltene Dattelpalmen,
Weinstöcke, vor langer Zeit gepflanzt,
Bougainvilleas, Schilfrohr, das sich im leisen Wind bewegt,
wie ein grüner Schleier weht es hin und her,
ein Feigenbaum, im dunklen Grün der Blätter
verstecken sich die prallen, blauen Früchte –
Ein Taubenhaus, kunstvoll die Steine in Muster gesetzt,
hoch und groß, ein Taubenschloß,
doch lange schon von ihnen verlassen,
nur ein Kauz lebt heute hier,
Kot und Federreste liegen auf dem Boden,
vom Kleingetier, das ihm als Nahrung dient –
Die Nischen in dem Taubenhaus
sehen aus wie Räume für verlorene Seelen –
In der Klosterküche ist die Feuerstelle schwarz
vom Kochen damals –
Nischen, kühle, für Vorräte,
Mahlsteine für Getreide und auch Öl,
Eßraum mit Bänken aus Lehm,
die Tische aus Holz sind lange schon verfallen –
Die Kapelle, an ihren Wänden noch Farbreste,
Bilder schwer nur noch zu erkennen –
Der Stall, sein Dach noch unversehrt,
ist heute Ziegenpferch
und bietet Schutz dem Schäfer in der Nacht –
In einer Ecke des staubigen Hofs dichtes Grün,
hier muß eine verborgene Wasserstelle sein –
Wir wissen nicht, warum die Mönche
diesen zauberhaften Platz verlassen,
und wissen nicht, wann dies war –

Vielleicht versiegte eine Quelle,
Lebensborn für Mensch und Tier –
Nur die Bauten blieben stehen,
und der Garten blüht weiter,
die Erinnerung an sie ist spürbar noch, fast fühlbar –
Berührt verlassen wir den Ort,
noch lange klingt es nach,
weckt Phantasie mit Bildern und Musik in mir,
die auf dem weitren Weg mich begleiten –

Auf einem Hügel machen wir Rast –
Ich sitze auf einem großen Stein,
der noch warm ist von der Sonne –
Unter mir seh ich das Lehmgrau der Klosterdächer –
Ich ruh' mich aus, entspann die Glieder –
Spüre meinen Atem, der ganz ruhig geht –
Schwer, gelöst, entspannt genieße ich die Rast –
Fühl' mich und meinen Körper ganz,
den Atem tiefer gehen –
Ich fühl mich wohl und gut in meiner Haut.

Lammfest

Ein Lammfest soll es geben,
um den Abschied einer Gruppe zu erleichtern,
Listen werden aufgestellt, was alles zu besorgen –
Im offenen Jeep fahren sie zum Markt,
Tomaten, klein und süß, sie hingen morgens noch am Busch,
Brote, warm und knusprig ihre Kruste,
Oliven, mit und ohne Stein, grün und schwarz,
Feta, der weiße Ziegenkäse,
Melonen, groß wie Männerköpfe,
Ouzo, der Anisschnaps, Retsina, der geharzte Wein,
und noch vieles mehr –
Ein Lamm wird gekauft,
auf den Spieß gesteckt,
für viele Stunden über der Glut gedreht –
Die Stimmung steigt, die Flaschen werden leer –
Die ersten tanzen, was Vassilis sie gelehrt –
Der Tanz, die Musik läßt die Menschen einander näherkommen,
die sich vor kurzem noch nicht kannten –
Sie kamen nach Naxos, um Ferien zu machen,
an einen Ort, der von Fremden noch nicht so überlaufen,
wo sie tanzen lernen und über die Insel wandern wollten,
richtiges Atmen, Entspannung, Meditation erlernen konnten –
Durch die Gespräche am Strand, auf den Terrassen, in den
Tavernen,
kamen sie sich näher, vertrauten manches sich an –
Wenige Männer nur im Kreis der Frauen –
Manch eine Freundschaft ist entstanden,
die mehr als nur einen Sommer währt –
Es war sehr ruhig hier, recht abgeschieden,
vom Lärm, der Hektik mancher Ferienorte,
man kam zu sich und dachte nach,
was der Sinn im eignen Leben,
das gar zu schnell vorüber gehen kann –

Ich sitze auf der Brüstung der Terrasse,
die hoch über dem Meer gebaut,

ich versuche mich zu entspannen,
zwischen all den Menschen,
von denen manche mir sehr fremd,
andere wieder sehr nah mir waren –
Ich fühle, wie sich die Spannung löst,
friedlich wird es in meinem Sinn, in meiner Seele,
Gedanken kommen und ziehen auch vorüber,
die Ruhe wird tiefer, erfaßt Körper, Geist und Seele –
Ich bin bald ganz entspannt, gelöst und voller Ruhe.

Wasserspiele

Am frühen Morgen,
die Luft ist noch kühl, wie Glas so klar –
Ich bin am Strand, die meisten Surfer schlafen noch
in ihren Campingwagen,
die in allen Größen und Preisklassen
für eine Weile ihr Zuhause sind –
Der Strand ist menschenleer –
Wohlstandsmüll verrät die Menschen –
An der Wasserkante liegen viele Steine,
winzigkleine Muscheln, die wie aufgefädelt scheinen –
Ein wenig Schaum verziert den Rand des Wassers,
seine vielen Bläschen liegen auf dem hellen Sand –
Der Wind, der sonst so kräftig bläst,
schläft zur frühen Stunde noch –
Auf dem Meer spielt das Licht mit den Wellen –
Auf der Wasseroberfläche ist ein goldenes Lichtnetz ausgebreitet –
Kleine Quadrate unterteilen die Wellen,
jedes Viereck umrahmt von Sonnenschein –
Das sanfte Schaukeln der Wellen verzieht ein wenig nur
die Konturen des gleichmäßigen Musters –
Ich wünschte, ich könnte es malen –
Auf meiner Netzhaut abgebildet,
behalte ich es in Erinnerung –

Hin und her geht mein Atem –
Dem Muster gleich schwingt er sanft hin und her –
Ein und aus – ein und aus –
Ich bin so ruhig, gelöst, entspannt, und träum' ein wenig weiter.

Theater

Eine Gruppe von Frauen war besonders mir vertraut,
es gab Verständnis füreinander,
wir gingen liebevoll miteinander um,
achteten die Eigenarten, die kleinen Schrullen –
Starke Frauen waren es, ganz lebensvoll –
Sie lachten gern und tanzten leidenschaftlich –
Spontan ward ein Fest geplant,
mit Tanzen, Theater, Spiel,
zur Freude für sich selbst und für die andren –
Beim Schwimmen in der kleinen Badebucht,
wo täglich wir uns treffen konnten,
fallen gute Ideen für das Fest uns ein –
Sie werden notiert und ausgemalt,
Rollen werden schnell verteilt,
Kostüme aus dem eignen Kleiderschrank zusammengestellt,
Musik gewählt, das Lachen nimmt kein Ende –
Nachdem das Essen, der Wein genossen ist,
beginnt die Show aus fünf Bildern –
Figuren aus der Mythologie sind zu raten,
aus der Welt der Oper, des Theaters und der Dichtkunst –
Romeo und Julia treten auf, die Marschallin und Oktavian
aus dem Rosenkavalier von Richard Strauß,
Dionysos wirbt um Ariadne, die zu Tränen scheint gerührt
oder ist's ein Lachen, das sie unterdrücken muß?
Orpheus und Eurydike, die aus dem Hades kommen,
und Sappho aus Lesbos tanzt mit einer Freundin,
bewundert von den Schülerinnen ihr zu Füßen –
In bester Laune spielen alle,
Applaus, bis fast die Hände wund –
Die Mimen tanzen nach dem Ende mit allen Gästen,
In ihren Spielgewändern, phantasievoll bunt,
leben sie noch ein wenig in ihren Rollen,
und stecken all die andern mit ihrer guten Laune an –
Unter Vollmond geht zu später Stunde ein schönes Fest zu Ende –

Unter dem dunklen Zelt der Nacht mit ihren Sternen,
sitzen viele lange noch ganz still,
sie ruhen aus, lassen klingen in den Seelen,
die Freude, die man zusammen geteilt,
entspannt und müde sind sie geworden,
genießen die Stille der Nacht –
Ein Käuzchen und das Meer,
geben einzig Laut –
Ruhe, Stille, sind spürbar, fühlbar –
In großer Ruhe geht jeder in sein Haus.

Mondaufgang

Wenn der Tag sich verabschiedet hat,
die Nacht mit ihrer Stille naht,
dann sitz' ich gern im Garten, um zu warten,
bis der Mond im Osten hinterm Berg erscheint –
Mikri Villa, ein winziger Ort,
ohne Kirche, Rathaus, Marktplatz oder Hafen,
nur eine Handvoll verstreuter Häuser,
drei Tavernen, kein Gedränge – nirgendwo –
An einem Abend, an dem sich der Wind versteckt,
vielleicht in den Büschen, die leicht rauschen,
in den Wellen, die sanft rollen,
tanzen wir zu meditativer Musik –
Da steigt er auf, der Kinderwunschballon, der Mond,
er ist so riesig, daß keine kleine Hand ihn halten könnte –
Wir tanzen, gebannt von seinem kühlen Licht,
und wie ein Wunder, so will's mir scheinen,
folgt er mir hin und her, mal links, mal rechts,
als tanze er mit mir,
die gelbe Kugel liegt lose auf des Berges Kuppe,
auf der sie hin und her sich rollt –
Ein Zauber, der mich gefangen hält –
Es ist, als wolle auch die Seele tanzen,
zusammen mit dem Mond ein galantes Duett,
die Freude als Gefolge –
Wie wenig braucht's doch, um fröhlich sich zu fühlen,
die Seele aufzuhellen –

Die Ruhe der Nacht ist auch im Körper wohl zu fühlen –
Gelöst, entspannt sind alle Glieder,
das Tanzen macht die Seele heiter, Körper und Geist ganz locker –
Schöne Träume werden folgen.

Das Fest in Melanes

Ein Bus bringt zur späten Stunde
die Gäste hoch ins alte Bergdorf –
In der Taverne stehen in langer Reihe
Tische, weiß gedeckt, der Wein in hohen Karaffen –
»Lebende« Musik, hat Vassilis, der Tänzer, uns versprochen –
Keine Kassettenklänge, drei Musiker warten,
doch der Schreck fährt uns in die Glieder,
als der erste Ton erklingt –
Anstatt Musik ganz »pur«, dröhnen die Verstärker,
schwarze Ungetüme an langen Elektrokabeln –
Unsere Enttäuschung können sie nicht verstehen,
sie sind stolz auf ihre Modernität –
Am Rande des Geschehens schauen die Dorfbewohner skeptisch,
als der erste Tanz beginnt,
die Fremden die ersten Schritte wagen, zögerlich,
dann ermutigt durch das gute Essen, den noch beßren Wein –
Belustigt sehen sie den Tanzenden zu,
die sich fest an den Händen halten,
sich Halt geben, sich im Kreise drehen –
Nach einer Weile verliert sich die Angst
vor den Griechen sich zu blamieren,
leicht und locker tanzen sie,
die Freude darüber läßt die Gesichter strahlen –
Da zuckt es in den Füßen denen, die noch draußen stehen,
ältere Frauen sind die ersten,
die in den Kreis sich wagen –
Sie bewegen sich mit Würde, tanzen ganz versunken –
Es folgen die jüngsten der Männer,
die sich die Hübschesten aus Deutschland holen –
Ein Elegant im weißen Anzug,
die goldene Kette auf der nackten Haut,
tanzt wie auf einer Bühne,
die Lehrerin aus Berlin fest im Arm –
Im Hintergrund staunt seine Familie –
bewundert seinen Mut, seine Eleganz –
Vassilis, munter wie ein Fisch

in der Mitte des Geschehens,
bewegt, tanzt, lacht, springt wie ein Faun,
reißt mit seiner guten Laune alle mit –
Lang ist die Nacht, sie währt bis morgens um drei –
Die Kinder schlafen fest im Schoß der Mütter,
die Katzen rollen sich zusammen unter den Tischen,
der weiße Hund blinzelt noch mit einem Auge in die Runde –
Es ist ein schönes Fest, ein gutes Miteinandersein –
Touristen und Bewohner von Melanes
verstanden sich für ein paar Stunden auch ohne Worte –

Auf dem Wege nach Hause
ruhe ich im Bus mich aus –
Hände und Arme liegen entspannt im Schoß –
Der Körper ist entspannt, gelöst –
Ich bin ganz ruhig –
Ich fühl' mich wohl und ganz gelassen –
Ich bin sehr ruhig und ganz entspannt.

»Südseestrand« auf Naxos

Von der Terrasse des Ferienhauses
gibt es drei Strände zu sehen, nahe und ferne –
Jeder hat seine eigne Gestalt,
auch der Sand ist von jeweils ganz besondrer Art,
an einem Strand ist er weich und weiß,
unter den bloßen Füßen wie Samt zu fühlen –

Seine Wärme dringt tief in den ganzen Körper ein –

Am nächsten Strand kitzeln winzig kleine Steine die Sohlen,
die glatten, großen, fühlen sich kühl und sanft an –
Wieder ein andrer Strand hat dunklen, rauhen Sand,
obwohl die Bucht sehr schön,
liegt es sich nicht so angenehm –
Ein Strand gehört den Surfern,
dort verirrt sich kaum ein Schwimmer hin,
denn sie sausen rasend schnell oft auf den Sand,
der Surfer springt dann wie vom Pferderücken ab –
Doch ein Strand ist besonders reizvoll,
»Südseestrand« wird er genannt,
da Bambus dort an vielen Stellen wächst –
Eine kleine Hütte aus Schilf,
zum Schutz vor Sonne, Wind und Blicken,
auch als Lager für die Nacht,
gebaut von jungen Leuten aus aller Welt,
die für kurze Zeit ein wenig Robinson hier spielen.
Ihre Müllberge allerdings sind ein Ärgernis,
sie liegen direkt am Strand und stinken oft zum Himmel,
Nach Sonnenöl und Hasch riecht es,
nach Kaffee und Gegrilltem –
Kinder spielen nackt in den sanften Wellen,
die Großen laufen auch, wie Gott sie hat geschaffen,
am langen Strand entlang –
Das Meer ist ruhig hier,
lädt unbedenklich ein zum Schwimmen, Schnorcheln, Tauchen –
Ich bleib' ein wenig an diesem Strand,

der so anders als die anderen ist –
Ich lieg' in der kleinen Schilfhütte,
träume von der Südsee, in der ich mich hier wähnen kann –

Ich schau' aufs Meer, es bannt mir Auge und die Seele,
der Wind vertreibt die Sommerglut,
die Haut geschützt von Creme,
bekommt allmählich die Farbe reifer Nüsse –
Ruhig werde ich und still in Körper, Geist und Seele –
Der Körper wird vom Sand gewärmt,
die Glieder sind gelöst, entspannt –
Ruhig geht der Atem ein und aus,
er geschieht, es atmet mich –

Ich gehe wieder langsam heim,
ein Teil des Strandes ist in viele kleine Buchten unterteilt,
Grenzziehung vor neugierigen Blicken
durch Steine, Felsen, Büsche, Bäume,
dort ist das Meer sehr ungestüm –
Hier werfe ich jauchzend mich in die Wellen,
die wild am Strand sich auftürmen,
sie heben den Körper auf den Wellenkamm,
lassen ihn sausen in das Wellental –
Manchmal fällt eine Welle über mich,
und erschreckt japse ich nach Luft –
Das Spiel ist nimmermüde zu wiederholen,
bis ich Ruhe suche, vor Wind, den Wellen und dem Meer –

Ich werfe mich in den warmen Sand,
der wie eine weiche Decke meinen Körper schützt,
die Wärme dringt tief in die Poren –
Ich fühle meinen Pulsschlag,
achte auf den Atem,
der in Ruhe, ein und aus, geschieht –
Bis bald ich an nichts mehr denke, nichts mehr fühle,
außer Ruhe, tiefe Ruhe,
die wie ein Strom durch den Körper fließt,
und auch den Geist, die Seele bald erreicht.
Meine Glieder liegen schwer im Sand,

Arme, Hände, Füße, Beine sind so schwer,
daß ich sie nicht mehr heben kann –
Die Augen fallen zu,
die Sonne scheint noch durch die Lider,
die Helligkeit dringt in Geist und Seele –
Ich liege wie am ersten Tag der Welt,
friedlich, glücklich und ganz still.

Streik

Plötzlich gehen im ganzen Haus die Lichter aus,
der Herd bleibt kalt, der Kühlschrank stoppt sein leises Tuckern –
Die kleine Feriensiedlung liegt im Dunkel,
im kleinen Ort auf unsrer Insel,
überall gehen die Lichter aus –
Das Telefon bleibt still, abgeschnitten sind wir von der Welt –
Doch bald stehen Kerzen auf dem Tisch,
der Mond geht hinter den Studios auf,
und leuchtet sanft, wirft lange Schatten –
Catarina, die Griechin, kocht auf dem Propangaskocher,
die Gäste werden satt und wieder ruhig –
Am nächsten Tag erfahren wir,
es wird gestreikt in ganz Griechenland –
Jeden Tag wiederholt sich dieses Spiel,
zu einer Zeit, die nie vorauszusehen ist,
verlöscht das Licht, stehen alle Geräte still –
Die Banken streiken, die Post und viele mehr –
In der Stadt sind die Menschen in Unruhe,
bei uns draußen scheint es friedlich,
wir improvisieren gut und recht geschickt,
doch manche Gäste grollen, wenn der Morgenkaffee
nicht zu kochen ist,
der Toaster für das weiche Brot sich nicht erwärmt –
Einige haben Kerzen, geben sie auch weiter –
Keine Nachricht dringt von außen zu uns her –
Bis endlich auch wir von Kuwaits Besetzung erfahren,
erschrocken sehen wir uns an –
Wie kommen wir weg von dieser Insel? –
Wird es Flüge geben, bleibt der Luftraum frei? –
Benzin wird plötzlich rationiert –
Nichts scheint mehr zu gehen, Stagnation –
Doch dann verfliegt die Angst, wir trösten uns,
es wird schon irgendwie sich alles regeln –
Nachdenklich sind viele geworden,
wie schnell ist doch Privates, Ferienfreude,
bedroht, verwickelt in die große Weltpolitik –

Wie brüchig ist die Sicherheit,
in der wir meist uns wähnen –
Heilsam wird diese Erfahrung sein,
sparen zu müssen mit Energie, mit Wasser,
zu planen, doch nur bis zum nächsten Tag –
In diesen Stunden will der Schlaf nur schwerlich kommen –

Ich liege im Bett, das Herz klopft, der Atem geht schnell –
Ich muß mich konzentrieren auf ihn,
bis er ruhig wird,
bis er ruhig und im Gleichmaß geht,
und Ruhe bringt dem Körper, dem Geist und der Seele –
Bald fühle ich die Ruhe, die tiefer wird,
und mir hilft, einen guten, erholsamen Schlaf zu finden.

Nachtwanderung auf den Zeusgipfel

Am späten Nachmittag bringt der Bus uns
zum Ausgangspunkt der Nachtwanderung –
Auf siebenhundert Meter Höhe stehen wir,
dreihundert Meter bis zum Gipfel liegen noch vor uns –
Wie einfach, dachten wir zu Beginn,
als der Weg mit dicken Marmorsteinen gepflastert,
nicht schwer zu begehen schien –
Zur linken Hand, am andern Berg,
ein Dorf, wie an den Hang geklebt,
die Häuser viele weiße Kuben –
Locker überholen wir einige Esel,
die mit Wasserkanistern schwer beladen sind –
Doch bald wird's steiler, immer steiler,
nur noch Steine, Steine ohne jedes Grün –
Die Gruppe fällt auseinander,
vornweg die Alpengeübten,
in der Mitte sind auch die Kinder,
die letzten bleiben weit zurück –
Wir hüpfen wie die Gemsen von Stein zu Stein,
die Kinder wieselflink und ohne Atemnot,
ein Weg ist schwer zu finden,
ab und zu ein roter Punkt,
der Weg ist mehr zu ahnen als zu sehen –
Wir eilen, um den Sonnenuntergang vom Gipfel zu erleben,
und um zur gleichen Zeit,
denn dies gibt's nur einmal im Jahr im August,
den Mondaufgang über dem andren Berg zu sehen –
Der Atem wird knapp, das Herz klopft heftig –
Die Stirn wird heiß trotz angenehmer Abendkühle –
Der Weg, der ganze Berg,
besteht aus Steinen, Abertausenden, Millionen Steinen,
kein Grün belebt das endlose Grau –
Der Gipfel ist noch immer nicht zu erblicken,
so renne ich nun fast den Berg hinauf,
ganz ausgepumpt komme ich oben an,
wo schon drei Leute aus der Gruppe sitzen –

Der Wind kühlt aus,
die Wasserflaschen gehen rund,
die Sicht ist herrlich,
Inseln liegen wie schlafende Tiere im Abenddunst,
die Sonne wird zum riesigen, roten Ball,
der langsam hinter der Insel Paros verschwindet –
An klaren Tagen ist die türkische Küste gut zu sehen –

Nach einiger Zeit, tief in den Anorak gekuschelt,
wird mir wärmer,
der Atem wird ruhig,
gleichmäßig geht er ein und aus –
Ich genieße die angenehme Müdigkeit,
die leichte Gliederschwere,
sitze auf dem Gipfelstein des Zeus –
Nun sind Puls, Atem, Herzschlag wieder ganz normal –
Ruhig und gleichmäßig geht der Atem,
schlägt das Herz in meiner Brust –
Ruhig bin ich, ganz gelöst –
Zufrieden sitze ich in der Gipfelruhe –

Der Abstieg naht, die Sonne ist versunken –
Es ist nicht einfach, einen Weg zu finden,
durch all die Steine, die sich so gleichen –
Der Abstieg ist mühevoll, nicht ungefährlich –
Doch bald sehen wir den Pferch der Schafe,
Markierungspunkt für den weiteren Weg –
Der Himmel ist noch hell, vom Sonnenuntergang gefärbt,
im letzten Tageslicht suchen wir den Pfad,
der Mond läßt noch auf sich warten –
Plötzlich, hinter dem Berg uns gegenüber,
ein heller Schein –
Langsam schiebt sich der Mond hervor,
sonnengelb ist er und riesig groß,
unwirklich fast der Augenblick,
das Farbenspiel des Sonnenuntergangs auf einer Seite,
und auf der anderen der helle Mond–
Bald verschwindet er wieder hinter einer Bergkuppe,
dunkel ist es geworden,

wir leuchten uns den Weg mit Taschenlampen,
und so geht es weiter, endlos, immer weiter bergab –
Ein Geruch nach Eseln zeigt,
daß menschliche Siedlung nicht mehr fern –
Ein Bauernhof ist bald erreicht,
die letzten Meter bis zur Kapelle,
dem Ausgangspunkt des Weges, zurückgelegt –
Eine dicke Akazie mit einer Rundbank um ihren Stamm
lädt zur Rast ein, der verdienten –
Mit einem tiefen Seufzer der Erleichterung,
setz' ich mich hin, die Beine weit weggestreckt –
Ich habe mein Ziel erreicht und warte auf die andern –

Ich ruh' mich aus,
fühle meinen Körper aufs Angenehmste schwer,
schwer und warm fühlt er sich an –
Fühle, wie der Atem sich beruhigt –
Ruhig geht er ein und aus,
der Atem geschieht, es atmet mich –
Es war sehr schön, und ich fühl' mich wohl,
fühle meine Kräfte gut gefordert,
bin glücklich, sie noch zu spüren –
Ruhig, entspannt, gelöst
kann die Heimfahrt nun beginnen.

Abschied von Naxos

Die Zeit des Abschiedes ist gekommen,
der September geht dem Ende zu –
Arbeit und Ferien konnten sich aufs Angenehmste verbinden,
auf einer Insel, die sich selbst noch treu –
Es ist ein Platz, um Ruhe zu finden, abzuschalten,
Abstand von manchen Problemen oder Nöten zu gewinnen –
Den Abschiedsabend plan' ich –
Mit dem Recorder und einer Flasche Wein
gehe ich zum Lieblingsplatz am kleinen Strand,
ein paar Minuten von dem Haus entfernt –
Zu meinem Schreck ziehen plötzlich
die ersten Wolken auf, grau ist es,
ich fürchte, es wird heute keinen Feuerzauber geben,
doch trotzdem heitert die Musik mich auf –
Ein Mann, zwei Frauen, meine Gäste,
gesellen sich dazu,
wir sitzen im kleinen Rund und stoßen an,
zum letzten Male mit Retsina, dem herben Wein –
Langsam verändert sich das Grau,
Wolken reißen auf, lassen die Sonne wieder sehen,
die über der Insel Paros liegt –
Ein Farbenspiel beginnt,
wie keiner von uns es je gesehen –
Die Sonne ist hinter dem Berg versunken,
da schießt es wie rote Flammen hinter den Wolken hervor,
dazu erklingt, der reine Zufall,
»Der Tanz des Feuers« von Irene Papas, der berühmten Griechin,
es ist fast synchron –
Der Himmel beruhigt sich,
es kommen zarte, pastellne Farben,
wir hören meditative Musik, sie paßt dazu –
Wir sehen am Himmel Gesichter aus Wolken sich bilden,
Fabelwesen, die oft sich verändern,
die Farben, Formen wechseln ständig,
das Auge kommt kaum nach zu schauen,
wir sind verzaubert, still und sprachlos,

nur ab und zu ein Ah, ein Oh –
Das gemeinsame Erleben bringt uns näher,
vertraulich werden die Gespräche,
die bald in tiefer Ruhe enden –

Ruhig sind wir alle nun geworden,
die Farben verblassen –
die Wolken ziehen vorüber –
Die Gefühle, aufgerührt durch das Abendschauspiel am Himmel,
gehen auch zur Ruhe –
Kein Wunsch bedrängt, kein Gedanke stört,
Gestern, Heute und Morgen sind verwoben
zu einem Hier und Jetzt,
nur dieser Augenblick, er zählt –
Es ist ein wundersamer Abschied,
voll Dankbarkeit sind wir für das Erlebte –
Noch ganz erfüllt gehen wir zur letzten Nachtruhe
hier auf Naxos,
das morgen wir verlassen –
für lange, immer? Wer kann das wissen –
Die Ruhe bleibt wie ein Schatz geborgen
im Innern, abrufbar, zu jeder Zeit, an jedem Ort.

Herbstferientag
am Mittelrhein

Herbstferien – Ein Tag am Mittelrhein

Am frühen Morgen, blankgefegt und blau der Himmel,
kalte, klare Luft –
Buntes Herbstlaub wie ein Mosaik auf den Wegen –
Verlockung zur Stadtflucht –
Die Betonmauern seitlich der Autobahn,
verkleidet mit Grün, Naturillusion –
Die Morgensonne verschwindet langsam im Dunst –
Lichter durchdringen nur matt den Nebel –
In der Nähe des Stromes wird er dichter,
läßt die Sonne ganz verschwinden –
Im kleinen Hafen des alten Weindorfes
beginnt die Wanderung des ersten Ferientages,
erster Ferientag im Herbst –
Der glatte, schmale Weg führt dicht am Fluß entlang,
rechts üppige Gärten, schöne Häuser –
Herbstlaub – Herbstblumen – Herbstgeruch –
Krähenvögel krächzen – Naturdramaturgie –
Enten tauchen lautlos ins Grau des Flusses –
Wie schmale Lanzen steht das Schilfgras im Ufermorast –
Lastkähne ähneln Gespensterschiffen
auf ihrer Fahrt durch den Morgennebel –
Auf einer Buhne im Fluß steht einsam ein Reiher
wie ein Wächter aus der Urzeit –
Spinnennetze hängen wie Diamantenschnüre
im blattlosen Geäst –
Pralle, reife Hagebutten an dornigen Sträuchern,
dunkelrotes Weinlaub rankt sich an Bäumen hoch –
Plötzlich drängt die Sonne durch das Grau,
Burgen, die Kirche von Eltville,
liegen nach einer großen Wegbiegung vor mir –
Das Blau des Himmels über den Weinbergen
verdrängt die Wolken auch über dem Fluß –
Dunst als Weichzeichner aller Konturen,
langsam nur löst er sich auf,
alles wirkt schärfer, akzentuiert –
Die Sonne wärmt –

Das warme Holz einer Bank lädt zur ersten Rast –

Ruhe strömt durch den Körper,
Das Schauen auf den Fluß mit den Schiffen in langsamer Fahrt
bringt Ruhe, tiefe Ruhe –
Sie strömt, fließt durch Körper, Geist und Seele –
Gedanken schrauben sich wie Lerchen hoch in die Luft,
bald sind sie kaum noch zu sehen –

Das Buch, in der großen Tasche versteckt,
lenkt vom Schauen ab, versetzt in eine andre Welt –
Doch alles paßt, das Innen und das Draußen –
Bekannte Weinorte, Namen berühmter Weine,
die Häuser fachwerkverziert,
in der Mittagsstunde fast wie ausgestorben –
Der alte Kran von Oestrich,
bisher nur vom Auto aus gesehen,
der schmale Weg führt dicht an ihm vorbei –
Schloß Reinhardshausen, heute ein Hotel –
Hier hat vor vielen Jahren
ein Prinz aus Hessen sich ertränkt –
Ein Stück weiter am Fluß
hat sich die Dichterin Caroline von Günderode
den Dolch ins Herz gestoßen –
Sie litt als Schriftstellerin
am Unverständnis ihrer Zeitgenossen –
Doch auch als liebende Frau fühlte sie sich verschmäht –
Befreundet mit vielen Berühmtheiten ihrer Zeit,
war es ihr wenig Trost,
so ging sie blutjung lieber in den Tod, die große Einsamkeit –
Bettine von Arnim, ihre beste Freundin,
widmete ihr liebevoll ein Buch, einen Nachruf,
geschrieben im Haus der Arnims in Winkel am Rhein,
das auch von Goethe, der von Bettine so verehrte,
und noch anderen Geistesgrößen besucht –
Das Adelshaus, Museum heute, mit seinem schönen Garten,
den Blick auf den nahen Rhein,
hat noch den ganzen Charme der früheren Zeit –
Das Grab der Günderode, der man die geweihte Erde
vorenthalten wollte,

liegt im hintersten Winkel an der Mauer des Kirchhofs,
schmucklos, karg –
In einer Bäckerei locken weltliche Genüsse,
frische Quarkwecken, mit Zucker dick bestreut,
dazu die selbstgepflückten Trauben vom Weinstock unterwegs,
eine köstliche Jause, die Rast direkt am Wasser –
Der Weg geht später weiter,
er führt durch ein lichtes Wäldchen,
danach die Rheinwiesen, Naturschutzreservate –
Schrebergärtenidylle, blumengefüllte Autoreifen,
Gartenzwerge in allen Größen, gezirkelte Rasenstücke,
Gartenhäuser mit schmalen Holzveranden,
oft auf Stelzen, als Schutz vor Hochwasser –
Kleine, graue Sandbänke an den Buhnen –
Ich phantasier' dorthin mir bunte Sonnenschirme,
bequeme Liegen, südländisches Flair am Mittelrhein –
Vor Jahren lud der Fluß noch zum Schwimmen ein –
Lachs war so häufig wie ein Hering –
Burgartige Villen, Schlößchen reicher Weinbauern,
mit Terrassen, Gärten, Parks und eignem Zugang zu dem Fluß –
Auf einem großen Stein, die Füße fast im Wasser,
die nächste Rast, gemütlich in der Sonne –
Wellen rollen glucksend über dicke Steine –
Schiffe schicken schnelle Wellen bis ans Ufer,
in einer kleinen Kaskade fließen sie in einen Nebenarm,
der durch eine lange Buhne entstanden ist –
Schiffssirenen klingen drohend schrill –
Der »Fliegende Holländer« fällt mir ein,
auf seiner Suche nach ewiger Liebe –

Die Sonne wärmt den Körper angenehm –
Die Wärme dringt durch den ganzen Leib,
entspannt die Glieder und die Muskeln –
Entspannt und ruhig sitze ich dort,
der Blick verweilt ganz ruhig auf des Wassers Lauf –

Schloß Johannisberg ist bald zu sehen –
Weißgelb, breit-behäbig liegt es über all den Weinbergen –
Lange war dort ein Kloster, eine romanische Kapelle,

es wurde nach der Säkularisierung dem Fürsten Metternich
neben vielen Lehen als Geschenk vermacht –
Der österreichische Kaiser belohnte ihn
für seine Dienste, die dem Wohle Europas galten –
Es war der Dank für seine Mühen und den Erfolg
beim berühmt-berüchtigten Wiener Kongreß –
An »Der Kongreß tanzt«, einen Ufa-Film, erinnere ich mich,
mit Gustav Gründgens, dem berühmten Mimen, als Metternich –
Noch heute lebt im Sommer in dem Schloß die Fürstenfamilie,
deren Name Synonym für Sekt und Weine –
Besucher aus aller Welt verweilen am historischen Ort,
von wo der Blick so unbegrenzt das Land erkunden kann –
Auf einer Terrasse überm Weinberg
kann der Gast die guten Tropfen auch verkosten –
Weiter geht der Weg am undurchdringlich grauen Wasser –
Das Niederwalddenkmal ist zu sehen,
die riesige Germania jedoch mehr zu ahnen,
die eiserne Verherrlichung von Krieg und Siegen –
Es folgt ein vollbesetzter Jachthafen,
der jetzt im Herbst nur Ankerstätte ist –
Zwei große, schlankgebaute Touristenschiffe aus Frankreich,
»Petit France« und »General Kleber« ziehen lautlos vorüber –
Lichtreflexe auf dem Wasser blenden fast das Auge –
Den Fluß verlasse ich jetzt, um an der andren Straßenseite,
durch eine Unterführung, Geisenheim mit seiner uralten Linde
zu erreichen –
Als Stadt ist der Ort noch jung, vor hundert Jahren etwa
hat er die Stadtrechte erst erhalten –
Doch war er schon über tausend Jahre wohlbekannt –
Gisenheim im Rinechgow – Geisenheim im Rheingau –
Adelspaläste, Sommersitz der Erzbischöfe,
die berühmten Grafen von Schönborn haben hier Besitz,
eine Straße trägt den Namen, der in Deutschland
viel zu prächtigen Bauten beigetragen hat –
Der Weinbau ist urkundlich zum ersten Male 874 schon erwähnt –
Abteien und Stifte erwarben Grundbesitz, pflegten den Weinbau –
Doch verschonten Kriege, Plünderungen und
Brandschatzungen auch diese kleine Stadt leider nicht –
Der Dom aus dem 16. Jahrhundert

war zwei Jahrhunderte später Lazarett,
man kochte sogar im Gotteshaus –
Eine Madonna aus der Hallgartenschule
gehört zu den berühmten »schönen Madonnen« des Rheingaus –
Eine Orgel, barockes Chorgestühl, kein Aufwand oder Protz –
Der Klang der Glocken, der Christus-,
der Martins- und Marienglocke und einer ganz modernen,
läuten als Quartett in einem fast wehmütigen Klang –
Es klingt wie eine Mahnung an die Vergänglichkeit –
Straußwirtschaften, Gutsschänken
bieten Federweißen an, den ganz jungen Wein,
der süß und gar nicht ungefährlich ist,
so mancher Rausch war Folge seiner harmlos wirkenden Süße –
Am Gartenzaun dahinter viele dichte Büsche,
stehen Astern, als Boten des Herbstes,
blaßblaue Sternchen wenden sich der Sonne zu –
Blumengeschmückt ist fast jedes Haus in den engen Gassen,
durch die sich Autos quälen –
Der Dom, sandsteingeschmückt,
schickt Orgelklänge bis auf die Straße –
Eingetreten in den hohen Raum,
überfallen mich fast die Töne –
Das ewige Licht der katholischen Kirchen
lädt zu Ruhe, tiefer Ruhe ein,
zum Meditieren und Träumen –

Die Musik verscheucht unruhige Gedanken –
Bilder steigen auf, sie ziehen vorüber wie Wolken,
sie bedrängen nicht –
Die Ruhe wird tiefer, der Atem ganz ruhig,
die Hände liegen entspannt im Schoß,
die Füße ruhen fest am Boden,
der Geist wird klar, die Seele friedlich –
Nichts stört mehr oder lenkt dich ab –
Traurigkeit hat keinen Platz,
Zeit kaum noch einen Wert –
So könnte die Zeit stehenbleiben für eine Weile,
in der das Draußen keine Rolle spielt,
wo nur die Ruhe, Stille das Innere durchzieht.

Der letzte Teil der Wanderung geht
durch eine dichte Akazienallee und eine aus hohen Pappeln –
Auf der anderen Seite des Flusses
liegt auf einem Bergrücken die Rochuskapelle,
die lange noch zu sehen ist –
Die Inseln vor Rüdesheim tauchen auf,
um einen Altarm führt der nun endende Weg,
Jachten schaukeln ruhig hin und her –
Für den Rückweg nehme ich den Bus,
der sich durch all die Orte mühsam schiebt,
er bringt mich wieder zu meinem Auto –
Auf einer flachen Sandbank hocken unterwegs viele Möwen,
sie sehen aus wie weiße Sahnehäubchen auf einer Torte –
Noch eine kurze Einkehr in einer alten Schänke,
dicke, dunkle Holzbalken im Deckenweiß –
Der Wein schmeckt gut nach dem langen Weg –
Eine Flasche Federweißer wird das Abendgetränk daheim –
Ein Gespräch mit drei alten Frauen,
die oftmals als Gäste hier und munter wie Distelfinken zwitschern –
Sie sind schon lange alt und können sich noch kräftig freuen –
Der Tag geht zu Ende, er war schön –
Dunkle Gedanken, die die Seele verdüsterten, verschwinden –
Ein Ferientag, nicht weit von zu Haus –

Else Müller

Der Klang der Bilder
Phantasiereisen mit Klangschalen
Band 14703

Du fühlst die Wunder nur in dir
Autogenes Training in Naturimpressionen
und Alltagsbeobachtungen
Band 11692

Du spürst unter deinen Füßen das Gras
Autogenes Training in Phantasie- und Märchenreisen
Vorlesegeschichten
Band 3325

Auf der Silberlichtstraße des Mondes
Autogenes Training mit Märchen zum
Entspannen und Träumen
Band 3363

Wege in der Wintersonne
Autogenes Training in Reiseimpressionen
Band 11354

Fischer Taschenbuch Verlag

fi 311 / 9

Frank Wildman

Feldenkrais

Übungen für jeden Tag

Aus dem Amerikanischen von
Vukadin Milojevic

Band 12489

Die meisten Menschen sitzen, stehen und gehen nicht optimal. Gerade der typische Büroalltag führt leicht zu Verspannungen und irgendwann zu chronischen Beschwerden.

Die Übungen, die Frank Wildman für dieses Buch zusammengestellt hat, basieren auf dem Grundgedanken von Moshe Feldenkrais, daß es eine natürliche körperliche Intelligenz gibt, die durch geeignete Schulung selbst aktiv wird.

Die Lektionen sind speziell für alltägliche Beschwerden konzipiert. Sie sind einfach und meistens unauffällig auszuführen und helfen, akute Beeinträchtigungen und Streß abzubauen.

Kareen Zebroff

Yoga

Übungen für jeden Tag

Ins Deutsche übertragen von
Rosemarie Litzenberger und Hans-Jürgen Hesse

Band 1640

Karen Zebroff hat dieses Yoga-Buch für den westlichen Menschen geschrieben; seine Probleme und Bedürfnisse sind es, auf die hier eingegangen und für die Hilfe angeboten wird. In einer kurzen Einführung erklärt sie, was Yoga ist, wofür er gut ist und welche Grundregeln man beim Üben beachten sollte. Danach folgen – zum leichten Auffinden alphabetisch geordnet – die einzelnen Yoga-Asanas (Übungen). Für jede Übung ist angegeben, welche Organe besonders günstig durch sie beeinflußt werden; dann folgen detaillierte Anweisungen für die Ausführung, die durch Fotos der einzelnen Phasen veranschaulicht werden.

Am Schluß jeder Übung wird noch einmal auf mögliche Fehler aufmerksam gemacht, so daß man eigentlich nichts falsch machen kann, wenn man sich an die Anweisungen hält. Eine Aufstellung der Übungen am Ende des Buches unter dem Gesichtspunkt ihrer Wirksamkeit bei speziellen Beschwerden und Krankheitserscheinungen ermöglicht es jedem Leser, sich ein eigenes, genau auf seine Bedürfnisse zugeschnittenes Übungsprogramm zusammenzustellen.

Fischer Taschenbuch Verlag

fi 1094 / 6

Jacob Needleman

Die Seele der Zeit

Aus dem Amerikanischen von Jochen Eggert

Band 14747

Auf der Suche nach der eigenen Zeit – wer ist das nicht? In hektischer Betriebsamkeit, versuchen wir immer mehr Termine in immer kürzerer Zeit abzuhaken, packen wir unsere Freizeit mit den unterschiedlichsten Aktivitäten voll – ohne Sinn und Verstand und ohne jede Möglichkeit zur Besinnung.

Jacob Needleman sieht im Mangel an Zeit »die Armut unseres Wohlstands. Es ist unsere Hungersnot, die Hungersnot einer Kultur, der Dinge wichtiger sind als die Zeit, der das Außen wichtiger ist als das Innen.« Diesem Phänomen entgegenzuwirken ist sein Ziel. Dabei geht es nicht um neue noch ausgefeiltere Methoden des Zeitmanagements, sondern um die Wiederentdeckung eines Sinns in unserem Leben. Auf sympathische und nachdenklich stimmende Weise lädt er uns ein, die Seele der Zeit – unserer Zeit – wiederzuentdecken.

Fischer Taschenbuch Verlag

fi 1212 / 4